心一堂彭措佛緣叢書・劉兆麒大圓滿譯著文集

大圓滿極密——
徹卻脫噶訣竅（智慧上師等）

劉兆麒　編譯

書名：大圓滿極密——徹卻脫噶訣竅（智慧上師等）
系列：心一堂彭措佛緣叢書•劉兆麒大圓滿譯著文集
原著：蓮花生大師等
漢譯：劉兆麒
責任編輯：陳劍聰

出版：心一堂有限公司
地址/門市：香港九龍尖沙咀東麼地道六十三號好時中心LG六十一室
電話號碼：(852)6715-0840 (852)3466-1112
傳真號碼：(852)2214-8777
網址：www.sunyata.cc publish.sunyata.cc
電郵：sunyatabook@gmail.com
心一堂 彭措佛緣叢書論壇： http://bbs.sunyata.cc
心一堂 彭措佛緣閣： http://buddhism.sunyata.cc
網上書店： http://book.sunyata.cc

香港及海外發行：香港聯合書刊物流有限公司
香港新界大埔汀麗路36號中華商務印刷大廈3樓
電話號碼：(852)2150-2100
傳真號碼：(852)2407-3062
電郵：info@suplogistics.com.hk

台灣發行：秀威資訊科技股份有限公司
地址：台灣台北市內湖區瑞光路七十六巷六十五號一樓
電話號碼：(886)2796-3638
傳真號碼：(886)2796-1377
網絡書店：www.govbooks.com.tw
經銷：易可數位行銷股份有限公司
地址：台灣新北市新店區寶橋路235巷6弄3號5樓
電話號碼：(886)8911-0825
傳真號碼：(886)8911-0801
網址：http://ecorebooks.pixnet.net/blog

中國大陸發行•零售：心一堂•彭措佛緣閣
深圳流通處：中國深圳羅湖立新路六號東門博雅負一層零零八號
電話號碼：(86)755-82224934
北京流通處：中國北京東城區雍和宮大街四十號
心一堂官方淘寶流通處：http://sunyatacc.taobao.com/

版次：二零一四年二月初版，平裝

	港幣	一百二十八元正
定價：	人民幣	一百一十八元正
	新台幣	四百九十元正

國際書號 ISBN 978-988-8266-33-3

贊蓮花生大師

蘇昌齡

雪嶺風煙舊莽蒼，蕃中吹鼓夜琅琅。

聖泉噴湧擁蓮座，甘雨醍醐禮法王。

四諦六根開異境，千秋萬載祝韶光。

法輪常轉情無量，象教須彌妙覺香。

祝賀兆麒居士譯著《大圓滿極密—徹卻脫噶訣竅（智慧上師等）》出版

李蘊珠

弘道譯經情最真，蓮師門下早修身。

悟參因果呈明鏡，析透虛空不礙塵。

難慰淒懷悲世相，還將佛語警凡人，

繽紛法雨隨緣布，好與聖賢作比鄰。

目 錄

前　言

大圓滿法，淵遠流長，是法首先由古印度普賢如來傳出，相繼傳給金剛薩埵，由金剛薩埵傳給極喜金剛，極喜金剛傳給妙吉祥友，妙吉祥友傳給室利僧哈，室利僧哈傳給蓮花生，蓮花生於定中親見普賢如來與金剛薩埵，得其傳授。唐朝開元年間（約在西元八世紀時），由吐蕃王赤松德贊派遣寂護大師從印度迎請蓮花生大師抵藏傳法，創建桑耶寺，度七比丘，是為藏傳佛教密宗之始，亦是大圓滿法在藏弘傳之時。前弘期後，朗達瑪五年滅法，大肆毀滅佛教，由蓮師佛母益喜措吉（空行智慧海勝）把大圓滿法的系列經典埋到了地、水、火、風、空五大之中，逃過了滅法劫難。後弘期時，由掘藏師陸續掘出，名曰伏藏，因此，大圓滿法是大約在西元十二至十三世紀時才得以弘傳的伏藏法門。爾時，其餘寧瑪派教法，均是繼承西元八、九世紀所譯經典。大圓滿法原寧瑪派教法的三部分（生起次第、圓滿次第、大圓滿）中，屬第三部分。在寧瑪九乘次第中屬最高一乘——極瑜伽。

大圓滿法主要分為徹卻和脫噶兩大部分，徹卻漢譯立斷，屬於修定，並在定中作出四種抉擇，（一）法身與阿賴耶識之異，（二）心與才能知識之異，（三）勝義諦與世俗諦之異，（四）明與神識之異。脫噶漢譯頓超，修持宇宙光明，有了定力，才能於定中得見微觀世界奧秘。宇宙空間有各種不同的明點，《大圓勝慧》曰：上根利智，無修無證，由此而住，自見自性，自然而成者名曰徹卻。上根利智，具大精進，得見自心之後，勤修猛進，隨修現見自性三身，空五蘊而成光明之身者，則名曰脫噶。它不僅是漢地顯教無法比擬的殊勝法門，亦是藏傳佛教各派所公認的成佛妙道。上智眾生，若能授持上師灌頂傳承，發無上菩提心，勇猛精進修持，定能虹化而即身成佛。譯者曾於西元一九八四年七月有幸得承白玉昂藏寺（又一譯為阿宗寺）土登貝瑪赤列二世活佛珠巴仁波且親傳訣要。才得修持是法。我等芸芸眾生，夜郎自大，若貪、嗔、癡、嫉、慢五毒不去，焉能得證大法之真諦乎！西元一九八八年三月，余曾在北京介紹上海佛學院（玉佛寺）比丘釋迦念慈者，於仁波且金剛座下學法，現在，他不僅已精通藏文經典，能夠善巧翻譯，且將成為漢地弘揚大法的皎皎者。藏傳佛教密宗是佛教的心髓，大圓滿法則是密宗的心

髓。但願漢地諸上智有情，唯受是法，身、語、意、功德、事業一切圓滿。衝破輪迴羈拌，化虹而去，即身成佛。

本書是由蓮花生等大師所著，譯者據藏文德格木刻版本譯竟，翻譯之前，曾得到阿宗.珠巴仁波且的關懷和指導，並得以在譯此經典時消除法障，順利完成此一功德。

《甚深密意空行心髓》共六品，屬伏藏派寺院——果洛白紮寺珍藏的木刻本，主要傳授金剛摧環法及風、脈、明點修法。《那若空行母修法儀軌》亦是該寺的手抄本，屬噶舉傳承。此二法本，由該寺莫吉多傑活佛於西元一九九五年親授，現一併譯出。漢地弟子，共沐法乳。不足之處，懇望寧瑪巴同道及譯界同行多加指正，以示增益。

劉兆麒謹識

西元二OO三年春

法界摩尼寶藏品

梵文曰：

達爾瑪達都熱納郭夏那瑪。

藏文曰：

法界摩尼珍寶藏。

頂禮具德上師普賢王，最初任運成就稀有法，

自生智能光明菩提心，世間萬物情世有寂藏①，

頂禮虛空界不動離戲，密乘頂首須彌日月中，

光明頓成金剛藏勝處，任運成就自性降之中。

生起稀有空性言聽聞，頓然成就境界遍生處，

體性空中自性無障礙，一切無成一切亦生起，

從三身境有寂自現出，內無虛妄法性樂之田，

心性悟境不動虛空相，變化無常悲憫之神變。

盡一切界莊嚴無例外，內外彙集菩提心妙力，

而非所有而非示現故，精彩神變大稀有密法，

一切現於有情內外身，法界莊嚴身輪之生起，

音聲廣傳盡所有無餘，法界莊嚴語輪之生起。

念、見、閃爍無邊無分別，法界莊嚴心輪之生起，

六趣有情眾生四生處②，從法界性無有微塵動，

萬物悄世六塵③現二取，法界性中無相如幻影，
不依光明最初廣大空，猶如自現法界聖莊嚴。
猶如盡一切現大法性，共任④不動法身菩提心，
最初降自空見⑤不變化，一切光明法性而圓滿，
圓滿境相自性任運成，不虛任運成就共遍復，
種種不共化身相初現，化身自生稀有神通處。
出世普賢如來無虛妄，無有懸險菩提心性中，
自然三身任運成圓滿，法界不虛任運住無為⑥，
身智事業任運成圓滿，大供最初生起大圓滿，
本來任運成就地涅盤，從法界性唯一之所見。
生起智能無礙勝莊嚴，無為證成最初唯依止，
猶如稀有之法在晴空，最初任運成就之胎藏，
往復匯聚普賢妙涅盤，普賢界中有寂無最初，
普賢示現空性之普賢，普賢界中明空無最初。
生死普賢苦樂之普賢，生死普賢苦樂無生死，
自他普賢常斷之普賢，普賢界中自他無常斷，
取無取有減除大執迷，無有憑依如夢境自性，
有寂自相欲求大稀有，一切普賢大任運成就。
而非執迷非非迷不變，唯輪迴名有無無邊際，
又是誰亦往昔無執迷，現今因無執迷迷不變，

此是三世初無垢密意，無有執迷亦無執迷法，
最初任運成就自生明，無解不解解脫不變中。
只涅盤名誰亦無解脫，不變解脫最初無束縛，
猶如空象清淨離偏袒，此盡解脫清淨之密意，
總持任運成就廣胎藏，變化微妙一切有寂生，
僅此生出未曾有有寂，酣睡夢境一切之生起。
功不唐捐自己之樂寢，遍復任運成就共廣大，
如是法界摩尼珍寶藏，有寂不虛所教第一品。

法界最初自性任運成，遍復散佈內外亦非有，
上下四維無際之超越，寬窄不二猶如明淨空，
境思意樂聚散於空性，以無生界生出諸神通，
一切不定舞之無偏向，如是不能表示無相法。
猶如四維無邊於空性，無生任運成就離四維，
一切有寂體性菩提心，不現不生不定任運成，
一切未來舞於不分離，前後不偏菩提心之中，
無來無去一切廣流傳，如無上中下於空性中。
均遍等量虛空淨自性，無始無終前後境逝去，
無有生滅法無法相現，無來無去各自相分離，
呈獻任運成就之法寶，猶如偏離方向空性處，

无所緣無相續平等境，一切法性共同之自性。
平等境中無相亦無住，一同俱同菩提心本性，
無生共空廣大中均遍，同一性中而無相續因，
任運成就無私遍復入，無上中下廣大初界宮，
無私遍受無生法身宮，永恆任成珍寶密乘宮。
萬物情世有寂本入遍，無私無偏盡遍復大地，
有寂公正菩提心虛空，法性寬廣界頂首高大，
無生自性四方超中心，任運成就極廣大口訣，
任運成就圓滿莊嚴飾，坐於自生智能佛寶座。
遍諸匯聚光明智能根，變為大臣灌頂授權境，
原地禪定殊勝寶宮女，自示現出密意熏香灑，
大樂之中自明無分明，不動心與口中自性離，
一切萬物情世授權力，法界廣大境相甚遼闊。
在此境住一切之法身，唯有自生智能不虛妄，
不為賜與購銷之涅盤，無有角杓圓形明點中，
纏繞如無分明境界內，六趣之處及佛之淨土，
無有其它法界之虛空，自己明現不二菩提心。
明性有寂集圓滿成就，盡一切生法界之寶藏，
涅盤不求本任運成就，法身永恆一切無蹤影，
內外情世明受用圓滿，猶如身影自現出幻化，

三身許多莊嚴無圓法，盡身語意生起之幻化。
善逝刹土無餘亦無量，在你生處心性三身中，
輪迴自性六趣在宮城，從法界性示現之身影，
生死苦樂種種而分明，此心性中變化之戲論，
顯現是無是有本非有，如虛空去忽生之緣份。
自性涅盤非有非非有，離戲明點自性集菩提，
心性之內菩提心自性，猶如淨空無生死苦樂，
所為無私有寂法解脫，如是無相極廣大虛空，
永恆不死任運成無為，光明光剛藏中諸佛尊。
盡一切自生於樂土中，自生平等性菩提心性，
如是法界摩尼珍寶藏，生起萬物刹土第二品。

一切菩提心中所彙集，非涉及於菩提心無法，
盡一切法菩提心自性，猶如菩提之心表虛空，
心中無因生起亦無境，無住涅槃心境唯涅盤，
唯有此一虛空界比喻，比喻本身不應作之事。
比喻義中心口何處有?自性清淨比喻而所知，
心是自明無量菩提心，心之無影喻所言涅盤，
自明不動廣大光明界，不作任運有高低廣狹，
法身菩提之中極廣大，常法才能盡一切所現。

現時現處現人俱非有，只此現名相猶如觀空，
大公無私彙集於菩提，遍復不能取所取空性，
自生智慧法性方偶上，喻義表示一定要比喻，
三大無量威光大自性，盡一切集自性無分別。
平等亦廣大之胎藏界，一切本同前中後無思，
普賢金剛薩埵深密意，菩提心如同日光精華，
體性光明最初之無為，諸法無疑徑直任運成，
戲論不聚不散之法性，空性法身現受用圓滿。
三化身之名相無聚散，最初功德任運成就受，
無有罪惡黑暗之障復，前後三世之中不變化，
遍復一切覺有情眾生，如是自性菩提心之中，
所有微妙力最初生起，悟與不悟萬物器世間。
種種遍有情眾生生出，這盡一切現不滅自性，
猶如陽光流動幻泡影，化身色影猶如尋香城⑦，
猶如光之影像無見有⑧，無根無依刹那微微現，
前後中間一些法中證，任運成就菩提心自性。
變化無礙有寂生神通，一切神通內彙集菩提，
最初自性不動之智能，這裡盡一切菩提心性，
一切圓滿究竟無作義，自性任運圓滿自生智，
從菩提心生起非生起，生死涅槃內外法如無，

從此微妙力之動自性，示現萬物有寂變種種。
唯一生起自性空之身，從無生中而生起示現，
現時本身生起不相違，示現無障礙中之障礙，
此無障礙幻化空色身，從唯所依依止之非法，
依是無根無來去心性，猶如示現而非是悉地。
稱無自性只有盡假立，感覺快樂妙力自然生，
稱緣起性唯自性釋名，妙力生起示現之自時，
示現非現無偏向之現，妙力亦唯少許體性無，
常常盡一切心性不動，為菩提心秋毫而不妄，
如是法界摩尼珍寶藏，比喻菩提心之第三品。

盡一切聚菩提心自性，從非明相之法而分離，
從無空性空性法分離，非有無有而有相真實，
非無盡一切有寂遍復，非有非無共任最初界，
方向不偏無根本真實，不斷相續次第菩提中。
遷轉非轉空性本遍及，自生智能最初義無比，
不生不滅唯明點彙集，不定遍復無一切方隅，
共任無誑金剛藏靈熱，不聚不散廣大無邊界，
非以言詞引喻所行處，智能界中金剛各自悟。
心與口之散離瑜伽中，斷決[9]理應非相非非相，

修習與不作修習之中，不該昏沉尋思怨敵傷，
最初憑依軍荼利法性，自己與他無有分別心，
唯此三界共同大自性，三世之中制勝像清淨。
無有取捨盡一切平等，從彼證得行持無微塵，
明現一切法之悟境中，唯一共同勝義不虛誑，
無有內外無微塵污染，邊暗消除根本菩提心，
隨一無捨妙力斷岐途，眾生種種萬物情世間。
一切清淨佛身與智能，示現證悟與非證悟力，
化身無礙遍復虛空界，悟與不悟法界性之中，
清淨證悟善逝世間解，不悟無明二取之習氣，
示現各種境中而不虛，在菩提心一切正行中。
一切性相無礙現種種，明現法性清淨界光明，
無分別之忽略明格調，心塵智慧自生廣法界，
內外無遮隱而現光明，自見心的明鏡光明中，
欲生摩尼珍寶勝法界，一切無祈而且是自生。
生自生智九欲之吉祥，一切得到大功德品類，
內生內法無障礙現出，一切無生界任運圓滿，
真實映復空性於菩提，空性映復菩提自證悟，
菩提心中現空最初無，不二無執無邊神通生。
三世無時無生法本性，為變化亦不作之無為，

示現三世諸佛智能界，二取映復自證於菩提，
無內外密法性廣任運，法界摩尼珍寶藏之中，
演說菩提心性第四品。

心性菩提心的體性中，無有觀修修習無修習，
無有果成無有道行走，無生壇城無念誦圓次⑩，
無有灌頂無護持誓言，最初任運成就淨法性，
初起超越漸頓因果法，是在這些菩提心體性。
陽光陰雲而無有障礙，刹那無為之中本性明，
精進修持十法隨現出，妙力刹那迷亂語戒除，
浙頓根之次第進入法，阿底瑜伽金剛藏勝義，
而非依據瑜伽中所教，漸悟進入頓者數取趣。
是故引導法性最初界，聲聞緣覺菩薩諸三乘，
此三小乘所教之次第，事部行部瑜伽等三部，
此三中乘自性降悉地，麻哈阿努阿底等三部，
三上乘是最初之示現，因果乘中法門才打開。
引導善慧有情三菩提⑪，一切究竟金剛藏勝義，
應該進入稀有大密乘，一切頂首勝光明不退，
普遍示現金剛藏密乘，修二種法取捨而精進，
示現微妙幻化之自性，因現出心及心所⑫習氣。

從那些心欲求淨智能，取捨無有勤事之大法，
唯有自生智能菩提心，體性正對自性無欺誑，
所作現前其它無須勤，自己入定無須祈其它，
只此太陽體性之勝義，所願入定光明不動依。
其它陰雲消散勤修習，初修太陽所教之相同，
此如天地二者之區別，現今輕慢阿底之悟境，
心思放射彙集菩提心，無明一切陰暗界之中，
自性大圓滿中永恆義，猶如妙力生起卻不知。
菩提心的體性何須言，這裡最初清淨菩提心，
勝義範圍中的法性諦，言思涅盤般若波羅蜜，
心性不退自性光明田，心識放逸最初離戲論，
如是體性所言如日藏，微妙力生起法無障礙。
過份明妙尋伺二者⑬離，深谷光明亦是不二取，
妙力生起見戲論之意，以此生起二取之習氣，
執持無境有境之五惑⑭，執持無我有我之五境⑮，
盡得內外情世間幻影，輪迴微妙之相亦生起。
能取反證之唯一示現，從何年來何年亦不去，
生亦無住大法性悟境，證悟三界盡解脫密意，
阿底任成金剛藏教言，普賢廣大界悟境生起，
在清淨的菩提心體性，聽見無境所見之無法。

行之所見無微塵所行，修習無法所修之法無，
器物行為無二任運成，名曰修習之果無微塵，
無法行走之地亦無有，名曰究竟之道最初無，
所持悉地光明大明點，尋思集散生起於壇城。
密咒念誦灌頂誓言無，逐次積集無緣圓次第，
最初執悉地身及智能，有為剎那生緣無因果，
這些如有非自生智慧，有為法性只往復壞滅，
為表示此任成無為法，因此在勝義內體性中。
因果涅盤自性十種無，任運成就心性之本義，
有無一切戲論祈靜智，從法界之摩尼珍寶藏，
勤修因果涅槃第五品，

猶如諸日光藏中會集，匯一切法根本菩提心，
萬物情世間不淨執迷，盡生所依悟境之尋思，
空性最初解脫[16]自然集，最初心性悟境態廣大，
惑與無惑名義匯涅槃，潔淨心影色身及淨土。
智能事業稀有之幻化，自生心性聚不分散聚，
萬物有寂盡集菩提心，猶如晴空空明法無為，
最初自性本來廣大界，廣大心性永恆虛空性，
幻化不定微妙菩提心，一切涅盤乘中這自在。

唯不應作之事盡威懾，化為周邊之境不例外，
法性菩提心中舞不虛，一切普賢生任運成就，
盡無餘匯無比之殊勝，特別廣大普賢聖法界，
猶如佛王盡一切會聚，一切有寂自在舞無諂。
一切普賢不賢唯一無，唯有無善惡之一普賢，
成就與否只一切悟境，一切同一任成不動搖，
從一遍生法界之無餘，無欲無修無應作之事，
精進修習自身而非他，所有精進所有之修習。
因欲修習無境無所見，修習無住從其它不來，
無有來去平等性法身，彙集任運成就大明點，
聲聞緣覺菩薩乘教言，如是斷決於我和無我，
猶如離戲論虛空密意，阿底勝密大瑜伽教言。
自他不分在廣大虛空，猶如自生智真實存在，
會集所有殊勝密意中，事部行部瑜伽等三部，
我行與佛等持定供雲，唯願三門清淨勝悉地，
金剛頂首教言勝密乘，人所共知明淨最初佛。
三門現前清淨勝悉地，會聚所有殊勝密意中，
麻哈阿努阿底三瑜伽，萬物情世佛父母剎土，
清淨悟境智慧無分別，法性不退自生智慧願，
最勝密乘一切遍復淨，無為無量最初廣樂土。

无內無外一切盡周遍，精進取捨示現之無法，
一切空性法身中解脫，一切意趣密咒中解脫，
一圓盡圓一切法匯聚，匯聚初降自明大任成，
法界摩尼廣大珍寶藏，教集遍菩提心第六品。

自性任成菩提心教言，不修義成須彌山頂首，
一切殊勝密咒大法王，猶如到達須彌山之巔，
普遍諸教一時之所見，所教頂首自性所見離，
如是阿底瑜伽金剛藏，乘處頂首一切義示現。
下品之乘勝義不可見，因此化為任運成頂時，
猶如摩尼如意大珍寶，祈願九欲本性之生起，
中品乘頂而非是如此，任運成就金剛藏三身，
從此莊嚴悟境自成佛，唯此無須大精進修持。
下品乘取捨精進行持，劫中無成就之沮喪病，
最初任運成現菩提心，猶如自己降於大法界，
自性法身平等在最初，此存在有一切逆違境，
猶如落此莊嚴法性成，遍復自明任成圓受用。
一切存在所見在逆境，遍相自置現離精進中，
無礙化身周遍復悟境，一切存在初現之時明，
如意功德事業大神通，亦非其它自明界清淨，

猶如污水現出自澄清，尋求不得最初清淨法。
自生悟境示現妙菩提，所取最初任成後不修，
頓超原處密意法界性，無須精進不動任運成，
始處終處菩提心之處，自性任運成就願不違，
不動悟境而明空性義，一切安立悉地主教理。
通常作趣遍主五智能，五身五語五意五功德，
五種事業[17]第一是為佛，任運成就無始終之界，
別無他求自性最初成，盡一切佛於法身菩提，
不變平等勝義非其它，此亦自生心性任運成。
無祈無修疑慮任運立，一切有情自生大智能，
無為無祈法身任運成，安立無執取捨法界性，
無動無念任運共體性，無為義成本體中廣大，
永恆有情身和智能主，勝法淨瓶自生大灌頂。
萬物情世初解脫任成，無須勤事自性任運成，
一切成就任運大悉地，法界摩尼廣大珍寶藏，
說菩提心任成第七品。

唯有一切悟境遍生智，無二體性所生之姿勢，
二相無礙微妙生變化，曰假有相無二菩提心，
非遷轉之明菩提之中，非證斷捨萬物有寂生，

在非所取能取瑜伽內，非有示現失稀有密意。

非有示現諸一現生起，非是空性中邊滿遍復，

非是二取所執各種我，現出世代流轉無基位，

破立之中取捨於苦樂，觀彼有情各個稀有相，

貪戀非聖諦之如聖諦，貪戀非執迷迷如執迷。

能持非定決定如決定，能持非是而是如常是，

能持非理合理如合理。各種心胸褊狹處指心，

功不唐捐剎那所見繼，太陽日月年及非時死⑱，

不二二取騙有情眾生，入觀瑜伽清淨在心識。

無依處的所見名相離，比喻非觀觀修亂次第，

胸懷廣大寬宏周遍復，修持不知座間不偏離，

一切疏忽漂流中離闕⑲，身與境中相不一定准，

虛空之內平等廣周遍，如是內法於我不執著。

觀彼外表所示現境相，一切光明模糊不明顯，

離開圬垢晦暝飲食法，共知念知感受不如昔，

諸凡自性狂亂之示現，猶如夢境自己之失笑，

離怨情欲現久暫離想，晝夜無偏袒之平等性。

專注境相取相之淨輪，如是自生智能性無常，

絕親取捨涅盤於茅篷，如是證悟不二大智能，

到達顛倒無住盡頭處，自生心悟平等性不悟，

如是僅此不二悟中祈，盡不可得伺察意深處。
此邪分別昏暗無明境，是故自生無運轉之中，
效法無二意樂圓滿佛，三界遍解有寂義不二，
從自性心自生法身宮，猶如淨空表不涅盤生，
與此如是各個耽著中，依二自他執逆於帳幕。
如是一生各個不偏向，一切平等所緣不捨棄，
證悟不二金剛薩埵語，從法界摩尼大珍寶藏，
無二菩提心講第八品。

廣大自性在唯一悟境，量等虛空菩提心天門⑳，
結集根本精華中放出，廣中之廣普賢廣大意，
以自體性全面大浪斷，唯悟境中證悟非證悟，
解脫與非解脫俱不二，如從殼內生出羽翅鳥。
與離廣大虛空之中住，眾龍威懾以懸險力阻，
亦在乘的頂首金剛藏，猶如證悟相應瑜伽緣，
下乘威懾往復斷懸險，一切依止解脫大平等，
因果精進修持之類別，承識上乘無諍平等義。
一切無量大樂法身中，法身之中盡一切解脫，
法性自入金剛藏之體，習氣身中妙力藏圓滿，
生、死、中有輪迴中捨去，一切唯有所見無分別，

任運成就之中佛住世，無有偏向化身才生起。
盡人一切非有而執迷，無為乘風瑜伽[21]所行處，
一切下品乘中之所屬，阿底瑜伽看道果根本，
無生生出神變之生起，所取因果有相心執迷，
阿底瑜伽宣說無因緣，下品種姓所屬之關健。
在覺有情密意行無別，執迷二取生死輪迴界，
阿底瑜伽無二之宣說，下品種姓所屬是關健，
悟與無有不悟解脫中，從悟解脫所祈怨消除，
宣說阿底瑜伽平等性，下品種姓所屬是關健。
有相之法殊勝無憑依，證悟無淨厭棄愚癡心，
阿底勝義所教無分別，下品種姓所屬是關健，
大圓滿初周遍深無邊，所稱無邊愚癡人悟境，
阿底無邊語決斷所教，下品高處種姓屬關健。
唯明點中道理顛倒悟，果、疑、斷、決定量等虛空，
廣大等量虛空佛密意，捨斷非證唯此明點中，
最初解脫非悟非非悟，樂在瑜伽共空出世道，
原始初佛所明之無境，不漂輪迴離一切迷處。
無論誰亦不執迷無住，一切法界僅光明自性，
始終無私量等廣虛空，初降任成往復最初淨，
不入解脫不取於涅盤，永恆悟境有寂不存在，

這亦證得捨斷不持疑，最初菩提根本大悟境。
一切僅名義中表示寂，示現解脫及無惑有寂，
無論誰亦非不能改變，無有寬窄高低之明中，
無偏心注所緣境有餘，行為無有來去之明中，
世間無親所取精進留，為了有所緣中束縛因。
諸凡傳授不生支柱上，一切法本解脫非解脫，
自性實質可淨非可淨，心性戲論雖離而不離，
實諦本性成就非成就，有寂自性雖二而不二，
所有心口涅盤非涅盤，破立執迷壞滅非壞滅。
證悟所見證悟非證悟，法性勝義修持非修持，
以無取捨行持非行持，本性之果成就非成就，
各種地道行走非行走，一切障礙離去非離去，
生圓法性圓滿非圓滿，解脫之果證悟非證悟。
六趣輪迴漂流非漂流，自性任運成就非成就，
二取常斷束縛非束縛，法性密意到達非到達，
祖師遺蹤追尋非追尋，天地顛倒混雜一切現，
胸中寬宏根本無污染，無依淩亂恍惚浮非浮。
無二持疑狂亂之本性，無偏觀修斷取愛染心，
如是所祈不涉不精進，所入一切生起一切明，
所入一起生起一切是，所入隨一而非是隨入，

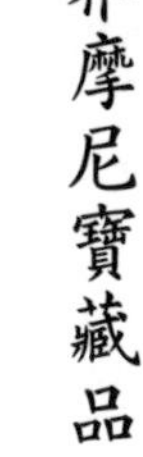

無定一切行持現脫噶，法與非法一些非意圖。
無依無隔宗輪帳幕寂，行住坐臥晝夜均周遍，
唯此自性法性平等性，供養非天打擊鬼亦無，
所有修持法無自樂態，不虛人主平等無傲慢，
胸懷寬廣唯任運成就，執受無為任運成就樂。
所觀空性修習無心性，所行非法修習卻無果，
一切無私則平等周遍，無須精進宏寬無嫉樂，
無祈願修持心之法盡，無有捨斷眷屬離愛染，
隨之一切是非非亦非，何現何生解脫無選擇。
不解初解自解脫非法，平等無定準誦法涅槃，
廣大界內廣大境心性，無邊悟境廣大光明界，
一境不二大樂悟境聚，到達各種自解脫盡頭，
不變任成永生端妙頂，自他隨入之諸眾有情。
如此最初無邊悟境聚，永久往生普賢佛剎土，
從此法界摩尼珍寶藏，盡一切法菩提心之中，
反復宣說念誦第九品。

自性最初清淨菩提心，無捨無住來去於法性，
尋求無實法性虛空界，自性安放光明日月升，
境無障礙心中無所取，自性任運成就態不動，

到達普賢廣大勝密意，不散不聚自然淨光明。
猶如清淨大誨共不動，法性深明自然智慧態，
脫離所依生起之嫉護，言語不達如線紇躂愚，
原貌改觀沼澤無沾染，中間滲入法性非有相，
修持與所修持之非法，升起昏沈自然失密意。
斷捨非捨一切明悟力，法性之中分別無偏向，
生起修持非有法界性，輪迴無捨自生智能中，
金剛頂首普賢殊勝心，勝法廣大虛空量等邊，
一切佛法修持於無相，任運成就永慈稀有佛。
最初淨瓶所現水常流，無餘施捨本性任運成，
有寂自性法界勝密意，言說不變寂空等悟境，
一切眾生最初降悉地，從已而他示現心執迷，
精進修持愛染心執迷，執迷法性平等引導處。
最初不退清淨自性內，任運成就非定非非定，
不動任運成就法性中，所緣尋思災難離自明，
如果復次諦觀非諦觀，所觀非觀如是觀淨瓶，
所觀非修在捨住離中，如復次修所觀非修持。
所觀見之非修修淨瓶，不二離取捨之本性中，
猶如復次伺察觀非察，如是所觀非察淨瓶行，
最初執持斷疑任運成，如果復次修持觀非修，

是為所見非修淨瓶果，平等性相之內無分別。
不執心識懷疑生起入，依止心境平等之狀態，
法性界中自性不退轉，有相境中無境住淨瓶，
最初本來明淨瓶不二，有寂無別大圓滿自性，
遍復一切取捨於非有，法與非法悟境中等同。
平等於覺有情眾生中，世俗勝義悟境中平等，
過失功德悟境中平等，上下方維悟境中平等，
從自然性生一切變化，如生起時共生無善惡，
在此取捨對治應盡變，如依止時共依無善惡。
現世心釋一切生自寂，解脫時俱解脫無善惡，
念隨破立遺余之相續，盡一切相菩提心本性，
微妙變化生出相不定，一同生出亦最初界生，
不同生出亦從等空㉒生，平等住而自住法自性。
不平等住平等之中住，共同解脫自生智能中，
不同解脫共同中解脫，最初一切同自然明中，
生與無生最初界中無，住與無住最初界中無，
解脫與否最初界中無，不動大平等的所見中。
如生起時自生自地持，如依止時自住自地持，
如解脫時自解自地持，不動離戲論於所見中，
生起最初生處最初處，解脫最初解脫自性空，

生住解脫生解脫相續，相續無礙不斷離因果。
因無因果離輪迴懸險，因無懸險知存在岐途，
最初不動普賢大悟境，不動時輪金剛薩埵中，
唯有本性自己之所知，盡稱之為如是佛名號，
從唯此證以取捨非法，只有一切法性之遍復。
猶如在金洲卻無分別，以盡無明迷遮斷肉塊，
在無懸險菩提心性中，唯一想、說、暇知名盡言，
示現百支明自生光明，因內外無障蔽無遮隱，
不動專注大法性中明，臥榻心安身心於安逸。
所知悠閒士夫不可為，遮蔽無弛身心盡歡喜，
猶如所住自性中而住，猶如所住所住於自性，
猶如行走行走於自性，菩提之中來去無自性，
無有來去亦諸佛之身，猶如所詮釋詮釋自性。
猶如所言所言於自性，菩提心中詮釋無自性，
非能詮釋三世佛之語，猶如心識自性中所思，
猶如證悟自性中證悟，菩提心中心思最初無，
心證三離聚是佛之心，非有之中一切生化身。
唯有此受用受用圓滿，在此因非有正行法身，
三身之果任運成就境，從菩提心之悟境自性，
念住種種證悟不生起，所知有相意中如不動，

即彼是佛唯一聖密意，猶如菩提自性廣虛空。

無念無別修持最殊勝，自己自性無誑無虛妄，

種種行為分離不思議，原狀法性三世不變遷，

轉變一世無分別修法，僅此如是隨處殊勝心，

唯有佛與一切相分離，不動法界取證遍涅盤。

佛密意中自性最廣大，改變身心斷捨諸纏繞，

下品放逸欲念心盡移，如安放處法性之不動，

一切普賢密意廣大境，無取無捨達到無障礙，

猶如墮落放逸本性執，不動周遍無寬窄之內。

一切念思自生起自性，金剛薩埵虛空聖密意，

不虛境界心識不散亂，入念悟境亦法界本性，

如專為線紇縫造法性，如無別空廣大現帳幕，

因晝夜修已越愛欲染，靜慮與佛俱同佛所言。

以此無懸險的精進心，原狀勤取涅槃最珍重，

自生智能方維無偏向，如是不表自性遍戲論，

因此心中諸行持斷離，戒除初離廣大之勝義，

唯有法性自然生智慧，唯有所見戲論與邊離。

唯有修持無捨存來去，唯有行持取捨無所事，

唯有之果與斷證分離，此是自然任運成密意，

萬物情世輪迴與涅盤，凡一切法最初自性空，

唯有自生智慧無欺誑，所知隨一根本立密意。
種種境中示現之法性，猶如隨諸安放無分別，
原態意樂離聚自性立，法性平等悟境自性住，
善惡境中示現各種相，根不會聚眼睛要專注，
不思於已不尋思於彼，廣大平等之中自性立。
增廣禮贊意懾心分離，一切平等自生智能意，
無內外空融合之姿勢，樂明離戲論等持生起，
根本安立不動共密意，無有內外二取離戲論，
貪愛彼處是愚癡無知，取之非法情世執著離。
輪迴生出如無影虛空，如是自己心中無尋思，
所持非法情世遍靜思，所生輪迴從勝生㉓根離，
此世如空內外法幻化，如是時空內外法失宜，
到遍法身不可得密意，到一切地邊際無來去。
一切無邊悟境普賢土，到達殊勝法身聖宮城，
現今所見之根實無欺，唯此習慣未來世受益，
所取輪迴之業愛染離，告知因果有寂共所語，
到達有寂無住菩提藏，在這寂止一境分明惜。
是為大圓自性勝密意，本性浮動伺察意運轉，
在此因果本性分明道，失誤之人下品眾有情，
唯有殊勝密咒大圓滿，自性不動到達諸妙根，

密意不動平等而所住，這本性中無因果精勤。
無有觀想修習諸如此，中邊不二寂滅之理釋，
其它心性因微妙變化，各種變化示現眾萬物，
稱無因果一切非所言，緣起境生所行數不清，
輪迴幻想寂樂心無數，此一切因諸境正緣起。
猶如本性所量任運成，逆境所行心性不動時，
盡不可得密意之精華。本性究竟一切染不變，
此所染與習氣之悟境，不依神變幻化之嬉戲，
從此解脫因果救度出，此法殊勝從此非為別。
是故法界密意珍不虛，這僅我等宣說甚深界，
盡是盡非是非最珍惜，從法界之摩尼珍寶藏，
與這密意法性之所教，真實不虛不動第十品。

唯在盡無量空菩提心，取二因果在世間迷失，
不依如泡幻影神變相，所見無影選擇護持離，
不祈最初降下捨離心，忿怒、不喜、疑惑、急躁、煩，
厭離生起痛疼心憂患，以生與死怖畏諸如是。
微妙幻化生死定能持，無樂無行無幻化無取，
無觀無修自然態支柱，意樂境相聚散任運立，
自境無影廣大虛空意，明淨增上具足從內起，

無是無非明的方向上，這裡不信賴的相所觸。
這裡不取本性自莊嚴，這裡無解脫破立散離，
無執著的體驗內漏生，唯此猶如密意初廣大，
猶如貪愛心中大歡喜，成住親眷受用語雅致，
地點方向在此悅意中，以自性樂莊嚴心生起。
只此識別一切之狀態，最初界中不變任運成，
自性中有行住正驚恐，樂與非樂無二一切生，
生時識別可不為捨取，自然狀態法性無分別，
稱之解脫愚癡大光明，如若黑夜之中昏沉睡。
離開聚散自然狀態眠，粗略境相冥滅取冥滅，
隱微所取等等之隱滅，等分無別本性所明心，
離捨生入疑慮住自性，一切心思法界解脫時，
如是輪迴涅盤是所語，睡眠自生最初之悟境。
諸力體相內自身融入，所持幻化戲論遍靜態，
非為自生智能大密意，如是求與不求中有心，
從三大毒力幻化而生起，從內生起內中自性生，
三界以外欺誑一切無，凡是一切不憂柔造作。
此中定取安立之無間，自寂自滅自地解脫義，
從無明與一切染習氣，生起微妙幻化大神通，
善眷行持唯一解脫道，生起奧妙幻化大神通，

從二妙力最初生幻化，熟悉本識不動入要義。
同抱同步同處周移動，匯聚緣生因果不超越，
自入後入因果珍重言，此是殊勝密咒乘頂首，
愚癡眾中勿言密咒乘，增損㉔自在精華之教亂，
唯增加與入邪妄意趣，諸密徑亂墮無邊惡道。
清淨解脫初解勝臨終，不淨解脫初解私心死。
諸業解脫初解無習染，無明解脫初解無解脫，
以此殊勝密咒王所願，善緣諸聖先師傳所教，
總之諸一切境相心緣，不入對治精進不捨斷，
一切自滅莊嚴原明義，一切苦樂生起於現狀，
持二取捨束縛才斷離，共遍現處根面中唯明。
盡生平等心念明無影，唯有二者立同破立束，
唯有義中終與空性現，諸境同根近處無蹤跡，
諸心共外治法僅虛空，心境不二中間相清淨，
如是誰知普賢祈願頌，佛子殊勝剎土所持明。
猶如諸法共有共無有，共相共空共諦共無諦，
斷治精進節欲一切得，無隙大平等中唯屠戶，
大智而愚平等唯屠戶，無過無垢平等唯屠戶，
如是法界摩尼珍寶藏，現緣明共空淨十一品。

遍法最初解脫菩提心，無解脫法是為不存在，
最初輪迴解脫淨解脫，最初涅盤任運圓解脫，
最初解脫無根初解脫，世間解脫菩提心解脫，
戲論解脫無邊際解脫，無戲解脫無生淨解脫。
樂初解脫法性共解脫，苦初解脫廣共處解脫，
中有解脫共空法身解，清淨解脫初解淨嚴空，
不淨解脫最初大解脫，地道解脫初解生圓離，
觀修解脫初解無取捨，行願解脫初解脫普賢。
果位解脫初解脫不惑，誓願解脫初解脫法性，
念修解脫初解脫離議，等持解脫初解無心身，
有無解脫初解脫無邊，常斷解脫初解脫無根，
習氣解脫初解依無根，異熟解脫初解受無根，
眷屬解脫初解脫非捨，取捨解脫大等空不二，
最初解脫解脫無約束，無解解脫初解脫無解。
釋放解脫初解無放因，遍定解脫初解無定因，
總持萬物情世間諸法，非現非證法一切過去，
一切最初界中已解脫，現亦精進誰也無需離，
在此行願精進不唐捐，無修無精進行無悉地。
非觀非觀心法之非觀，非修非修心法之非修，
非治非治相法隨非治，非立非立疑惑果非立，

非斷非斷從無明非斷，非取非取清淨法非取，
非纏非纏自相續非纏，一切倒立一切中無影。
次序非法依所緣非取，邪根邪道邪果邪法等，
善惡損害唯無緣染塵，平等本斷萬物情世斷，
輪迴涅盤邪妄不到達，是為何是怎樣無憑依，
昔遺今非這裡何所指？猶如哈哈大笑稀有損。
萬物情世間之邪迷亂，晝夜本淨自淨虛空淨，
日淨時淨年月長時㉕淨，一淨遍淨法與非法淨，
有寂根本迷亂初界淨，如是之界言說心法淨，
一切盡成精進何所求？願心牽連方維空稀有。
非法乞討自性盡如是，大地珍寶虛空現宮城，
任成無依初解脫密意，三情世間無蹤大解脫，
無向取向種種之束縛，自性不知自己所沾染，
自愚迷自何等之愚迷，非愚迷中所取迷懸險。
愚迷與否菩提藏之內，菩提藏中幻輪之無始，
從此所持生起幻化纏，與二解脫脫離無境意，
所取或有或無不欺誑，最初由佛解脫之所見，
入所取法帳幕無約束，最初無境一切淨相中。
無量大樂根本菩提內，此中輪迴不能最初降，
唯有明點在無角隅中，一切各異所執心執迷，

自生智能而非在因緣，輪迴路上愛染障菩提，
任運成就一切不偏離，邊際指南執著我慢魔。
非實有相空性無障礙，有無明空假立邪妄心，
此在一切欲望偏私帳，猶如任成無私虛空智，
人所共知見聞六聚㉖生，一切自相無分別之界，
最初解脫平等界告知，唯共性中一切相生內。
生起一切功德行之處，一切解脫無為之悟境，
彙集精華生起菩提心，猶如虛空最初清淨智，
自生智能廣大心性中，最初無垢輪轉不遮體，
功德任成因果涅盤知，自明心中光明清淨意。
菩提心中一切相遍集，善巧幻化生成自容顏，
證悟剎那間廣大增上，無悟無明生起諸執迷，
一切在境八兄妹眾處，萬物情世間化一切生，
從菩提心之內而不退，心中不退平等性所住。
有寂聚達廣密意解脫，是故有寂不能降自性，
善惡取捨不能降自性，證得斷取不能降自性，
五毒無明不能降自性，偏袒自私不能降自性，
微妙顯現不能降自性，單方假立無遮降自性。
自生智能遍法無名相，微妙幻化盡生起空性，
非解脫之實質降自性，如是解脫假立自散滅，

皆是皆非假立不相違，如是最初解脫言所講，
無有分別任運成解脫，無有聚散明點中解脫。
一切初現不定中解脫，相現色身自地中解脫，
聲名遐爾自地中解脫，味受所受境界中解脫，
味觸自地心性中解脫，念、明、生、受、根無依解脫，
唯一解脫法性中解脫，心境不二平等中解脫。
自然解脫智慧中解脫，任成解脫基位淨解脫，
各種解脫唯一中解脫，無私解脫任運成解脫，
一切解脫心悟境解脫，光明解脫日月中解脫，
法性解脫虛空中解脫，有法解脫大海中解脫。
永恆解脫須彌山解脫，最初解脫無生中解脫，
平等解脫最初覺解脫，一切解脫最初大解脫，
如是法界摩尼珍寶藏，一切有法菩提心之中，
所教最初解脫十二品。

諸法任成菩提心之中，任運成就要義在次第，
最初亦從尊中尊生起，這是無上金剛藏勝義，
九乘次第菩薩之悟境，虛空日月曼陀羅光明，
無證大雲心中全遮蔽，不現菩薩有自我之姿。
放入大雲之內如自散，非精進中因果雲斷離，

虛空之中菩提心自現，各個乘中能生起次第，

體性如日法界中明現，微妙如光遍升無偏向，

地和湖水一切偏復暖，是故水氣之雲生變化。

猶如體性亦巧妙遮蔽，唯有體性自力無清淨，

自性變化障蔽自容顏，萬物情世幻想心遍復，

猶如提光威力風卷雲，自證化身莊嚴能生起，

執迷最初解脫於自地，執迷幻象不斷界中寂。

無蹤無影清淨虛空界，身智任運成就太陽升，

以他未來自現唯清淨，重生㉗卵內生出之羽翅，

猶如卵生悶閉未孵出，猶如大卵孵化虛空飛，

二取、迷、證、漏、昔前盡止，離漏有餘無間卵變化。

任成示現自明自初現，色身智能光明遍虛空，

自身所知普賢界解脫，十方悲憫化身是無量，

化身照耀有情盡饒益，乃至輪迴附近才現出，

此為從自性降下體性，奧妙悲憫無私能生起。

化身饒益於他能圓滿，不清淨等幻化永斷滅，

不清淨的有情相變化，依照善巧力示現悲憫，

示現有情淨行持淨願，此生國土盡幻化無邊，

眾生無邊菩薩來引導，佛簿伽梵法身內不動。

自生智能常斷不偏墮，從內自生起稠密莊嚴，

持明空行十地菩薩中，受用圓滿現無邊莊嚴，
此亦從內示現之慈悲，所化勝解善任成自現，
法身體性自生大智能，化成一切智能之大海。
最初界中唯有明點入，報身體性心性任運成，
變化五方如來五智慧，遍虛空界盡光明示現，
化身體性悲憫現根本，隨一幻化現隨一調伏，
偉大事業權力成俱足，這些因果任運大成就。
最初一切任運現莊嚴，最殊勝的密咒現此生，
從此即彼之間捨不欺，金剛精髓藏頂首之乘，
從盡一切因果乘殊勝，如是法界摩尼珍寶藏，
宣說任運成就十三品。

如是法性金剛藏道歌，量等虛空初淨自性中，
唯此不變離根本之處，自生不變化的化身生，
最初平等遍悟境廣義，一切不到達最初自性，
不動任運成就法性中，變成公正無私不偏離。
猶如諸勝義中廣無量，隨一一切自生悟境主，
常常各種不動自地解，如是到達人相大胎藏，
語證之時如虛空瑜伽，自身一方之經義俱同，
根本之心經教二十一，三界秘訣同四分圓滿[28]。

是故此等無餘遍有情，猶如任運成就至初地[29]，
在普賢地無有之變化，二義任運成就大法王，
盡一切諸方隅樂富足，猶如淨土九欲任運成，
法鼓念誦解脫勝幢立，聖法不衰佛教廣昌盛。
如是法界摩尼珍寶藏，上乘瑜伽悟境中無邊，
雪山潔白頂首歌音中，妙端莊嚴諸法盡圓滿，
喇嘛薩哇嘉納格惹拜！普賢密意無垢虛空界，
大圓任成密意義無邊，同時射出無邊之光明。
金剛威光遍地如白晝，三身密意自解金剛藏，
密咒音律無盡之莊嚴，色身智能自生明相續，
與金剛持之經教不二，甚深法界證悟之寶藏，
三世佛心法身聖舍利，遍智法尊證悟如當面。
現前瞻仰之中有善緣，一切佛教密意之彙集，
義重情長三世亦非有，三世難降甚深密寶頂，
見、聞、念、解、有寂最莊飾，生起清淨妙善大空性，
取此藏法增上講修增，遍眾乘頂快捷方式初所依。
示現菩提二義任運成！

如是法賜，在示現雙祈願文的格桑師徒的祈願中，

由悉地部的救苦者才旺仁增尊者在拉薩經院之側，巨鱉

摩羯初現中，於十六勝生，水烏氐宿圓滿㉚之時吉祥日編寫，願一切悉地清淨盡善！

善哉！善哉！善哉！

偈：師尊三尊㉛大宗師，世間之土遍昌盛，

示現情、趣、勝三者，不離三世淨妙善。

譯於二〇〇一年漢曆六月十九日觀音菩薩成道曰，於中國寧瑪精舍

注釋：

①有寂藏：生死涅槃生出之藏。

②四生處：指胎生、卵生、濕生、化生四種。

③六塵：又曰六境，指色、身、香、味、觸、法。

④共任：共同任運成就之義。

⑤自空見：覺囊派中所言世俗分中，諸法自體無實的見解。

⑥法界不虛任運住無為：此句指不虛妄的任運成就之法，不從因緣生起的種種事物。

⑦尋香城：喻為海市蜃樓，比喻無而顯示有者，

⑧無見有：對境實際無有，成不成實，但在暫受惑亂外因損傷之根識中明白顯現，如見一月為二月之無分別顛倒想。

⑨斷決：舊密大圓滿本淨觀修法之一。

⑩圓次：圓滿次第。

⑪三菩提：指聲聞乘菩提，獨覺乘菩提和大乘菩提。

⑫心所：自力能見各自對境事物特殊屬性之心所生法，如受等五十一

心所。

⑬尋伺二者：指尋思和伺察二者。

⑭五惑：（即五煩惱）結、隨眠、縛、隨惑和纏。

⑮五境：又曰五塵，指色、聲、香、味、觸、法。

⑯最初解脫：簡譯為初解，或譯為本來解脫，本解、原解，係舊密大圓滿四大解脫之一。自然本智，無始以來未染任何輪迴之法，生死近因本來遍盡，故稱本來解脫或最初解脫。

⑰五種事業：又曰五事業，佛所具備的二十五果法之一類：息業、增業、懷業、誅業和任運業。

⑱非時死：指夭折等非正常死亡。

⑲關：此處指靜室之義。

⑳天門：從上到下插的門閂。

㉑乘風瑜伽：人臨命終時所修瑜伽之一密法名。

㉒等空：即等量虛空主義。

㉓勝生：藏曆六十年週期之名，係以西元一零二七年為起算點，佋始啟覺譯師月光。

㉔增損：誣衊和攻擊。

㉕長時：指劫。

㉖六聚：指六識.

㉗重生：此處指鳥類.

㉘四分圓滿：又譯者為四部圓滿，可分為：法、財、欲、解脫等四部。

㉙初地：此處專指原始怙主法身普賢如來。

㉚氐宿圓滿：指藏曆四月十五曰，吠捨法月望日。

㉛師尊三尊：指親教師靜命（又譯為寂護）軌范師白班桑菩瓦，法王赤松德贊

光明大圓滿徹卻歌音道體速行
鵬翅微妙威力品

南無格惹拜！

遍智悟境永恆之運轉，心無量的日光自解脫，

照耀三途三路寂靜處，頂禮剎那原始怙主前！

觀祈法身如來作信受，慈悲醍醐十分而稠密，

往昔漂流時調伏所持，法雨如注頂禮金剛持！

所見心中任運成增上，精進策勵因受於世間，

毳衣[1]聖眾三身珍寶舟，頂禮驅欲文殊大海前！

此三悲憫智能日壇城，放射加持微妙力熱光，

傳我善根離俗白蓮主，明啟證悟蓮瓣上展開，

我慧花蕊蓮臍中妙聚，所見歌音受解甘露汁，

呈獻俱善根之蜜蜂群，而無滿足虔誠心呈獻！

奇呀哉！

隱世避居廣遊抉擇學，地道無餘疾速而行走，

所見歌音俱鵬翅波動，善根徒眾坦然而聽聞，

猶如生死涅盤雷音鳴，遍處流傳佛光之巨聲，

六趣有情眾生續常住，剎那無放逸之善相處。

佛在於已心中卻無知，色身之外求佛甚希奇，
猶如光明清淨之日藏，現前所見卻視為稀有，
唯有父部母部自性佛，猶如歷經種種諸苦樂。
善與惡中唯情眾驚奇，最初無生清淨之心性，
最初不虛任運稀有成，最初自性解脫大光明，
凡所得樂稀有大解脫。

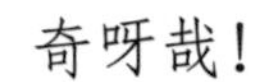

奇呀哉！
具有善根徒眾坦然聽，三世一切無餘之諸佛，
八萬四千法門中彙集，經藏盡虛空界是無量，
勝義自心證悟復次說，其它一切亦非佛所言。
猶如砍斷一棵樹之根，在十萬世枝葉亦枯萎，
如是心識處所根本斷，所取能取亦復枝葉枯，
空曠閑宅幽暗逾千年，燈明僅此剎那間消失。
自心光明證悟於剎那，無量劫中除積累罪惡，
此為明淨之日藏自性，千劫幽暗障礙中無力，
猶如自己心中性光明，劫中執迷障礙中無力。
虛空自性超越於形色，猶如黑白雲習染不變，
心的自性形色量超越，淨鄙善惡法中染不變，
猶如乳酪酥油是為因，非是沖攪酥油不析出。

盡有情如來藏是為因，非是修持清淨不生起，
只此修持盡一切解脫，諸種種根智愚不分別，
猶如牧人修持亦究竟，自心現前明義大證悟。
無須空談精湛與善巧，自己口中所食蔗糖時，
猶如蔗糖無須言有味，非證班智達亦是執迷，
所言九乘遍一切善巧，猶如遠隔不見講故事，
佛土無垠甚為之遙遠，如無證得自心淨光明，
持久漫長修持而忍辱，從三界輪迴處為聖賢，
因此以精進心來追求。

奇呀哉！
一切具善根之徒眾聽，應在自己心性中追尋，
任一妙行利樂有情事，比喻目標放之於根前，
猶如箭矢擲向遙遠處，竊賊在自己家中盤旋。
猛厲追尋猶如在外邊，鬼在東門方向而盤旋，
猶如替身送去向西方，窮困之人不知生金石，
猶如從彼方而為乞討，以此自己心中諸尋找。
猶如隔斷善根諸徒眾，稱曰心識之明明轉移，
過去無執盈盈之翻騰，不停旋繞搖曳狀蕩動，
如是無相空性之抉擇，種種苦樂經歷於自心。

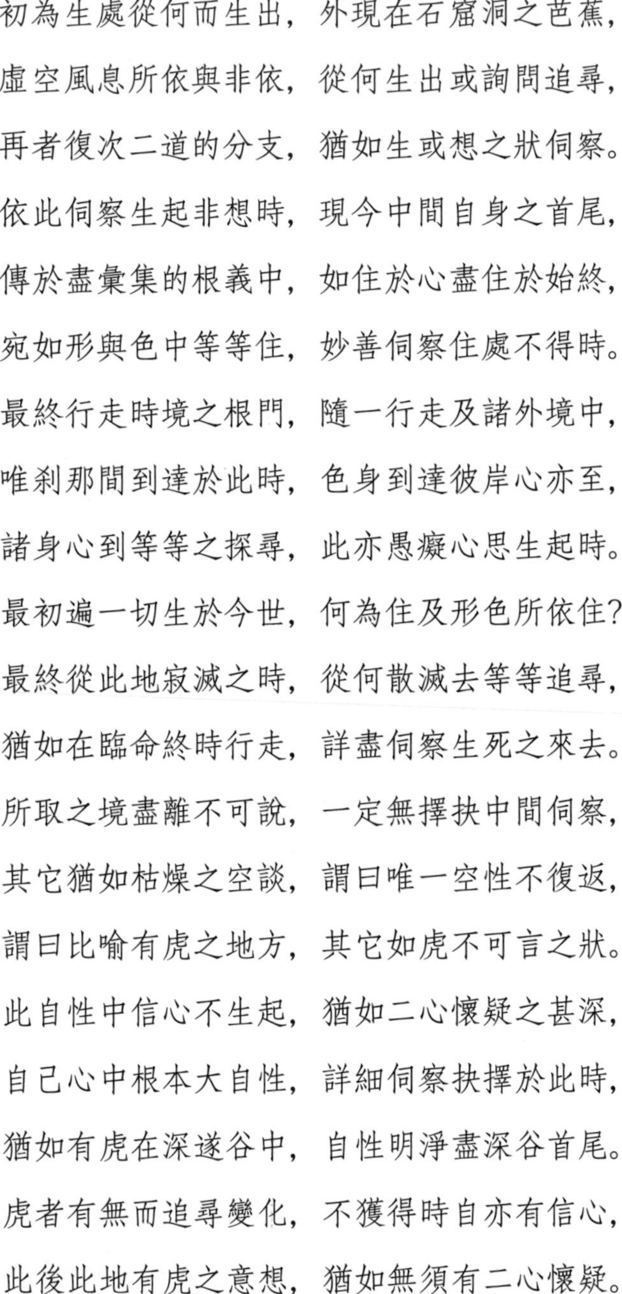
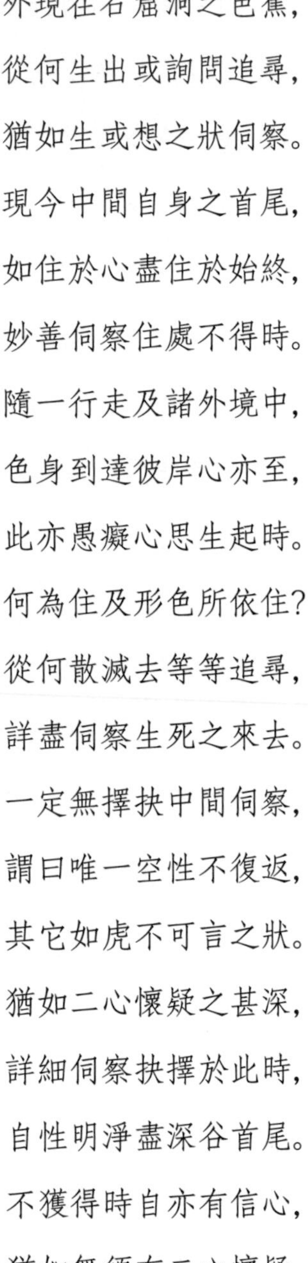

初為生處從何而生出，外現在石窟洞之芭蕉，
虛空風息所依與非依，從何生出或詢問追尋，
再者復次二道的分支，猶如生或想之狀伺察。
依此伺察生起非想時，現今中間自身之首尾，
傳於盡彙集的根義中，如住於心盡住於始終，
宛如形與色中等等住，妙善伺察住處不得時。
最終行走時境之根門，隨一行走及諸外境中，
唯刹那間到達於此時，色身到達彼岸心亦至，
諸身心到等等之探尋，此亦愚癡心思生起時。
最初遍一切生於今世，何為住及形色所依住？
最終從此地寂滅之時，從何散滅去等等追尋，
猶如在臨命終時行走，詳盡伺察生死之來去。
所取之境盡離不可說，一定無擇抉中間伺察，
其它猶如枯燥之空談，謂曰唯一空性不復返，
謂曰比喻有虎之地方，其它如虎不可言之狀。
此自性中信心不生起，猶如二心懷疑之甚深，
自己心中根本大自性，詳細伺察抉擇於此時，
猶如有虎在深邃谷中，自性明淨盡深谷首尾。
虎者有無而追尋變化，不獲得時自亦有信心，
此後此地有虎之意想，猶如無須有二心懷疑。

奇呀哉！

現今有善根的徒眾聽，如是彼眾有情伺察時，

心識直截了當而指出，本身成就微塵無染時，

微塵無染獲殊勝悉地，我們心中最初無生地。

最初以空體性不定持，住於之中形色亦非是，

最終非去在這去隨無，空轉動者是謂之空相，

唯此心識初不生觔絡。最終因這外境之不滅。

盈虧增減這裡不復有，一切有寂遍復而無私，

一切無相無障礙生起，一切無成有無遍涅盤，

不失來去生死而顯出，心性猶如無垢瑩晶珠。

空性體相自性分明現，慈悲無礙清晰顯現處，

輪迴災難一切皆不蔽，心性定是原始大怙主，

此為根本心性之狀況，此為自性抉擇解脫法。

奇呀哉！

現今有善根的徒眾聽，原始枯主法身普賢佛，

修持微塵無為解脫法，以此六趣不淨濁罪惡，

無為微許輪迴漂泊態，最初盡一切在往昔中。

有寂無名最初基位處，此世從明基位態超越，

宛如晶石穿日迴光照，所見智能生命動風息，

童子瓶身大雲肩飄帶，任運成就智能光明身。
如刹土空日出放光明，此世以法身普賢如來，
在影像中瞬間現智慧，外現明身智慧在內融，
最初空性之處正偏知，我眾自性任運證悉地。
示現自己音聲而不知，無有念知只此於執迷，
稱曰在此同一生無明，於是主體顯光明自性，
此二所取之了知生起，稱曰一切證悟之無明。
二明二取此時進入內，於是習氣依次而增生，
輪迴諸事一切才生起，於是愚癡等三毒五毒，
生出八萬四千諸種種，在輪迴處猶如簡車輞[2]。
輪迴苦樂今世中經歷，增願遍智能乘殊勝藏，
觀待[3]深義大深雲堆等，現今憑依上師甚深訣，
迷惑自己惡習一切明，自性之佛自己觀於已。
原始怙主應拜謁自性，同一緣份即普賢怙主，
從心歡喜修持心諸徒，如是執迷決斷大解脫。

奇呀哉！
現今具有善根徒眾聽，心是盡一切事業名聲，
唯有存在亦非是存在，生死涅盤種種苦樂生，
願者存在許多種之乘，名者心不遍復名假立。

是諸有情眾生亦稱我[4]，從外道中名假立稱我，
以故聲聞乘稱無人[5]我，以唯一心如是名假立，
或之稱曰智能到彼岸，或之稱曰善逝中立名。
或之稱曰大手印立名，或之稱曰中脈名假立，
或之稱曰唯明點立名，或之稱曰法界中立名，
或之稱曰一切位立名，或之稱曰中庸智立名。
名相以心不遍一切立，正是如此義中才了知，
你諸心性釋放於此處，安立之時最終了知明，
觀見無因之地最清晰，觀見現前之地最明亮。
任何非悉地之空間中，明空不二最初之目的，
無常一切亦是無悉地，無斷地中無始而切斷，
非是唯一而許多明現，非是許多無分別無二。
非有其它即彼自己明，心中所住原始怙主顏，
現前今世這裡所看見，與此不分離的善心徒，
非此從他勝過任何願，猶如原來無有後尋得。
三千一切行列而假立，唯有佛的名相不可得，
此為正行道義之解說。

奇呀哉！

現今諸善男子慎重聽，今世自明自現即此中，

三身體相自性慈悲憫，五身五種智能盡俱足，
所見體相之中形色等，一切天成空性勝法身。
空性自己打開現報身，種種生處無障礙法身，
此諸行相如是作比喻，水晶明鏡法身而俱同，
自性明澈報身之行相，身影生處表無礙法身。
諸眾有情心性初三身，所依自己一方智力中，
諸眾有情修持之微塵，無需行持剎那間覺證，
所講三身不同此所教，勝義之中唯內部不同。
所持執迷無悔心之徒，三身最初空性無污垢，
明空雙運唯一體相中，智能無持任運而修行，
體相自性亦三種悲憫，法身報身化身唯俱同。
三者明空大雙運之中，智能無持任運而修行，
復次這自生明大智能，一切示現毗盧遮那身，
無有中邊無量光佛身，與共殊勝悉地一切生。
猶如珍寶寶生如來身，一切義成不空成就身，
此諸所見微妙無例外，所見智能體相無障礙，
現前光明大圓明鏡智，遍復一切平等性智能。
種種微妙生起妙觀察，義遍成就成所作智能，
那些在此清淨體相中，與之彙集法界體性智，
此諸一切自明微妙力，如在附近成就無微塵。

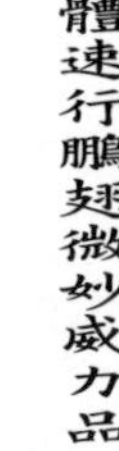

三身體相自性慈悲憫，五身五智能唯一升起，
現前二指⑥堅直作講解，今世智能而不作偽造，
緣無變化所取無所染，所見清晰而光明淨亮。
此從三世一切佛生起，這是三世一切佛之意，
與此不離盡一切善根，真實不虛這是自現明，
稱之自心之佛皆不見，這裡修持之因一切無。
稱之修因無生一切行，所見現前是這裡之中，
稱之自心非得一切行，清晰相續不斷在這裡，
稱之心真實見一切行，這裡所作之因無微塵。
稱之所作無生一切行，住與無住二者無有中，
稱之三處切斷一切行，自見三身無精進任成，
稱之成就與否一切行，不可作事端正可安立。
稱之在此人力一切行，尋思生起是共解脫時，
稱之眷屬無生一切行，今世智能是這裡之中，
稱之這裡不知一切行。

奇呀哉！

善根具足徒眾虔誠聽，猶如自心無實虛空⑦中，
同與無同善緣盡徒眾，非見之狀態在自心中，
疑目而視知均匀安放，非是空性是諸之決定。

自明智能最初一定明，猶如自生自明太陽中，
同與不同在自己心性，凝目而視知均勻安放，
妄念外騖無執著捨斷，心無外騖示現黃色光。
同與不同在自己心性，凝目而視知均勻安故，
一切光明一定自現出，凡一切相猶如明鏡影，
同與不同在自己心性，凝目而視知均勻安放。
除非心力無其它之法，所見將見無其它之法，
除非心力無其它之法，所修將修無其它之法，
除非心力無其它之法，所行將行無其它之法。
除非心力無其它之法，除護誓言無其它之法，
除非心力無其它之法，將修果位無其它之法，
復次觀復次觀自心觀，外虛空界在自己心上。
自心性中來去處觀否?觀時來去之處心非有，
自心悟境之中觀現世，證悟光照之處可觀否?
證悟光照之處亦非有，心中形色之處可觀否?
非有形色空性到達時，空性中邊之處可觀否?
猶如無內外之廣明空，直接穿越而斷離偏私，
自明遍復廣大之證悟，猶如有寂諸法現彩虹，
種種示現從心中幻化，自明不動應該觀彼處。
猶如一切諸法幻水月，各個明空無能力分開，

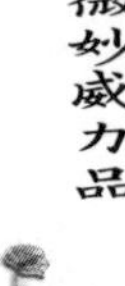

所見自性無生死涅槃，自明不動應該觀彼處，
有寂諸法如明鏡中影，猶如示現最初未曾有。
有寂無名遍一切法身，三土輪迴漂泊之眾生，
最初有寂法盡一切同，所依智能自非有證語，
二取執迷之根各自執，而無二義二執無解脫。
盡一切自心有寂無別，因以取捨輪迴中漂泊，
自明三身任運而成就，此非路遙其它之走法，
尋找道路愚癡有情眾，到達佛之剎土時無生。
隨一示現一切定自明，自明不動應該觀彼處，
猶如示現一切時身影，明空最初廣傳自性空，
如是似此觀者心返觀，猶如念思自滅空性中。
無戲離戲告知心口寂，隨之示現一切心變化，
一切神變空最初本無，一切自己心中才證悟，
盡一切明現空性法身，示現而非貪欲之纏繞，
執迷貪欲心斷離之徒。

希呀哉！

善緣俱足之是諸徒眾，刀刃如不磨礪不鋒利，
不多攪奶酥油不凝出，詳盡不講而非有決斷，
文采華美歌音娓娓起，聞而不厭我歡喜傾聽。

不知一切示現於心中，此空性義永遠不證得，
是諸示現最初生任運，中間隨住最終隨離去，
善緣徒眾盡妙善伺察，伺察猶如虛空中雲霧。
從虛空生復從虛空去，猶如心識示現諸神通，
自己心生亦如心離去，猶如眼根之內染微塵，
觀虛空界朦朧而示現，猶如存在虛空之中間。
虛空中無此根諸神通，猶如無明執實惡習染，
以故意根沾染之威力，世俗流傳遍一切諸法，
猶如實諦存在於虛空，最初如意妙果如微塵。
是為此非自心之神通，是為一切神通本非空，
初無見有[8]幻化之水月，明空無別共同之道義，
在現今世自己夢境中，住於故里聚集眾親眷。
現前示現經歷苦樂時，而非唯一自己之近親，
唯有自性居處不動移，依照白晝示現之形色，
猶如這時盡一切現出，猶如昨夜歷經之夢境。
自己心識在此執假立，如是現出心識之經歷，
夢境之時亦非有自性，猶如怎樣示現亦是空。

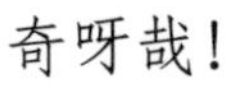

奇呀哉！
善根俱足之心一徒子，非是以此盡一切示現，

或者光明或者現黑暗，此亦一些有情眾生地，
意想地中之地有眾生，意想地中之火有眾生。
意想地中受用有眾生，意想地中苦難有眾生，
意想水中之水有眾生，意想水中之火有眾生，
意想水中甘露有眾生，意想水中所住有眾生。
意想水中之地有眾生，意想火中之火有眾生，
意想火中受用有眾生，意想火中所住有眾生，
意想火中所食有眾生，意想空中之空有眾生。
意想在虛空界有眾生，意想在虛空住有眾生，
意想在虛空地有眾生，如是示現非有一定因，
習氣之根無論如何現，如是四大種[9]在自己身。
想蘊情感人內涵外延，是彼有情眾生在此地，
地獄之火農夫之受用，相續降伏災難之想蘊，
猶如非於受用之於火，餓鬼火有情之住處中。
螢火昆蟲所食中想蘊，猶如水中地獄之行思，
餓鬼諸有情眾中膿血，大象噓氣地與天甘露，
他化自在天[10]中之珍寶，花雨以及龍王所棲處。
虛空亦是如是行而住，諸無盡一切地之想蘊，
在此地中一切自隨欲，猶如如是示現於假立，
亦復天神之子在佛中，以故集聚須彌日月中。

祈請之時唯在佛面前，這裡行者之外誰亦無，
因自尋思習氣之倔強，如是所取假立於此現，
一切自己心識言所行，以天神子佛之微妙力。
猶如自己尋思之倔強，會聚須彌雙日月之中，
猶如堅實牢固從何來？唯祈請時在諸佛跟前，
婆羅尼斯⑪以老婦自身，寅時修持用以此城堡。
寅時所見利濟此城中，長時即短如是現妙力，
從無始生習染的意識，猶如習慣業相⑫能所言，
在此一切心識之所作，復次或在一些外道中。
世間闊綽放逸障礙因，隱居修持寂靜處現前，
成就之後他人生所見，唯有虛空岩洞中修持，
岩洞成就之後唯斷語，此因一切心識之尋思。
由於所作印象隨心現，一切印象勝義中性空，
復次孤獨地獄眾有情，門與火柱爐灶繩索等，
色身意識苦難在歷經，自心尋思不管之何如？
猶如如是假立作示現，六趣有情眾生盡樂苦，
只此自心所作唯一因，盡一切自心之變神通，
空性無損自己之色身，毅然平等無偏之安放。
復次尚且一大能仁海，手之蓮花微細色法頂，
不忘三幹大幹世界言，達到脫噶所見量之時，

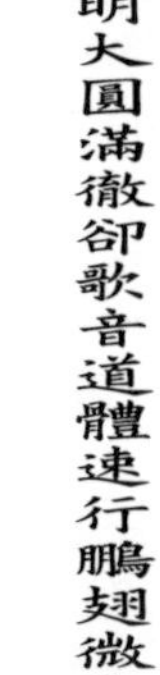

是在自身各個毛孔中，所見無量諸佛之刹土。
所見無量六趣有情處，在此有情調伏現幻力，
猶如夢境所言利生行，在此有寂諸法相自現，
一切自相最初本無空，空明不持態中立信心。
復次微細色法頂色法，如是諸佛刹土之無量，
所言存在無數六趣處，此諸一切污穢不攙雜，
非變成災諸佛之所說，復次各自逐一蟲腹中。
所說存在無量蟲聚落，以故虛空界中許多城，
頭部下方示現己形成，用以猶如形成豎和横，
所言存在無數之城堡，猶如這些中因想和行。
佛所言之一切心所行，心識自性最初如虛空，
猶如一切諸法之了知，世俗共知盡一切諸法，
唯一自己心性自示現，死時自己心性相續變。
外表不變而是自相變，如以此一切心之印象，
一切自相本來無空性，如滅光明色飾水中月，
明空不二所見護明性，見一切相心識內自現。
心中之相器世間色法，情器世間六趣心和相，
心和相為善趣人天樂，心和相為三惡趣之苦，
心現無明煩惱等五毒，心中示現自生智能明。
心現惡念生死輪迴欲，心現善證諸佛聖刹土，

心現魔鬼憑依是道障，心現與佛俱足妙悉地，
心現種種尋思無分別，心現無有分別專注修。
心現實有之法相顏色，心現無相而且無戲論，
心現一境與多境無二，心現任何有無亦無成，
心識除外一切相亦無，心識之中猶如繪畫者。
自身由心活動而決定，心中三千世界盡所有，
這些一切由心所描繪，童心一切有情眾引誘，
此者一切心識神變中，決定定知生起極珍重。
這是所講尋思分別心。

希呀哉！
現今善根俱足徒眾聽，如是行者自己心性中，
定取體相形色如是等，亦非是佛之所以言教，
猶如最初所持空非空，一定心性空最初無有。
心性名義虛空如安立，唯一些空分所表比喻，
心性明等示現遍虛空，虛空不現忽然空性斷，
因此心和義中空相無，這是講解心真實性空。
心性空相自生微妙力，種種示現盡一切生起，
生起如明鏡中色身影，空性不二唯一之形色，
這是講解空性所示現，最初本來相空亦不二。

以自心空示現無障礙，從空性相現無執莊嚴，
是諸示現空性無障礙，最初開始相的自性空，
如空彩虹水中月之影，明空無二證悟才相應。
有寂諸法幻化若遊戲，觀看相空不二遊戲時，
心識不變化的樂瑜伽，如是是非善根遍眾徒，
自己心識空性雙現出，觀知各類分別因有否？
最初開始相空之無二，這是講授相空之無二，
如是相空不二自然生，所見自然明現極清晰，
三身任運成就勝密意，無共界之輪圍修持中，
不分晝夜守護善根徒，這是講授不二自解脫。

奇呀哉！
所聞今世隱居[13]修行歌，基位明[14]中三身而俱足，
基位相中三身而俱足，這二區別善巧之了知，
所能證悟有寂三身田，基位明中三身所俱足。
往昔所講復次在此言，猶如自然明之水晶珠，
此意空性法身大自性，明現自然張開受用圓，
生起之處不滅道化身，基位明中三身盡俱足。
這裡一切無聚亦無散，猶如硫璃放射出五光，
從此生起基位光明時，示現諸佛清淨聖剎土，

不淨情器世間盡展現，一切體相空性之法身。
自性示現受用圓滿身，生起種種不滅之化身，
基位光明三身已俱足，其餘這裡差別微分開，
這一要點需善巧證悟，遍智能道從講恩德知。
若如是知盡一切萬物，最初三身任運成壇城，
三身刹土其它之處無，六道遍諸有情三身中，
是依自我智能微妙力，諸眾修持微細之色法。
不需修持二智大圓滿，復次勝義根本之三身，
是為法身各個不執持，基位光明之三身自性，
是為色身各自之無執，法色二身義中各自非。
空性法身不同任運成，自融究竟基位光明處，
基位法身密意變色時，證得真實要義勝果位，
由是如從法身中不動，猶如二種色身現彩虹，
示現饒益有情事相續。

奇呀哉！
請聽今世一切避世歌，汝等諸眾徒昔生災障，
是由憎惡毆打骯髒行，專注自愧損害於心識，
如其它行盡一切諸態，自己心中如理之所思。
生起瞋恚之時在體相，瞪目而視之為瞋恚者，

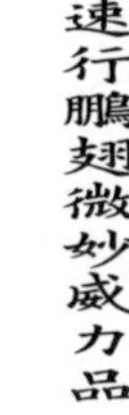

開始從何處生今世時，住於何處臨終向何去?
形色等等有依處之否? 觀時最初空性不執著。
捨離瞋恚大圓明鏡智，汝諸眾心之中窈窕女，
肉等等之自己隨欲食，衣等等之自己穿隨欲，
乘騎等之牲畜自隨騎，依理自己心中所思索。
愛染生出之時體相中，瞪目而視之為愛染者，
開始從何處生今世時，住於何處臨終何處去?
形色等等有依處之否? 觀時最初空性不執著。
捨離愛染大圓明鏡智，你諸夢境現出之等等，
愚癡生出之時體相中，瞪目而視之為愚癡者，
開始從何處生今世時?住於何處臨終何處去?
形色等等有依處之否? 觀時最初空性不執著，
捨離愚癡法界性智慧，汝眾自己種族強富足，
體形端妙語言如樂神，聞、思、修習三者文誦寫。
學者經懺僧人等徒眾，自已有限功德而無為，
其餘唯有我善巧意想，我慢生出之時在體相，
凝目而視之為我慢者，開始從何處生今世時。
住於何處臨終向何去，形態色身有依處之否?
觀時最初空性不執著，捨離我慢平等性智能，
自己超過他人之富足，功德俱足眾多之諸徒。

善巧學者飽學僧妙語，彙集法的領悟世間言，
彼的一切功德作所思，彼超過己而生嫉妒心，
生起嫉護之時在體相，凝目而視之為嫉妒者。
開始從何處生今世時，住於何處臨終向何去？
形態色身有依處之否？觀時最初空性不執著，
捨離嫉妒成所作智慧，若如是證是雜染智慧。
捨離煩惱尋思到彼岸，安立追求二空性智慧，
尋而無獲之時亦悲哀，猶如五毒趨無之智慧，
以後五毒尋思遍生起，這如講解生處與住處。
去處形色不必要考察，傳昔五毒趨無智慧故，
無間生起以後勿追隨，心的本性放出於此處，
自己散滅入受而無疑，這是講解善巧和修習。
如是往昔善巧修習中，以後雜染五毒不生時，
所染不俱往昔因生起，空性智能二者同生出，
生解脫時同共生解脫，祖師本生傳記口傳中。
習染尋思如多法身多，是以依據所言而了知，
是為諸業始於所染心，強力生時根安立善行，
是因上師親訓放心上，這是所講五毒自解脫。

希呀哉！

具平等心是諸徒眾聽，穿戴中等溫雅身轉動，

所觀溫雅意想之自心，祈願中等粗魯身轉動，

所觀粗俗意想之自心，所觀之時二者不二空。

所觀金色身等色華麗，所觀色華麗想自心中，

所觀蝦蟆醜陋之色身，所觀色身醜陋於自心，

所觀之時二者空不二，蔗糖中等口中覺甜美。

可觀甜味意想於自心，生薑等等口中有辣味，

可觀口中感覺想自心，觀時二者空性同一味，

旃檀香等等之嗅香味，可觀香味意想於自心。

阿魏⑮蒜頭之中嗅臭味，可觀臭味意想於自心，

耳聞以手掌之擊無聲，可觀人耳意想於自心，

觀時二者空性之不同，汝眾四州界中作統治。

勝利在駕馭中而生起，妃嬪權臣簇擁而圍繞，

五種珍寶華麗住宅中，百味佳餚俱足中修行，

如此之相心中生起時，可觀歡樂意想於自心。

汝眾貧困一奴僕亦無，圍牆破碎住宅之等等，

從天降雨地下有濕泥，身體沾染多種麻風疾，

手足斷後十分之痛苦，唯經折磨苦難中修習。

如是之相心中生起時，所觀苦難意想於自心，

觀時苦樂空性之無二，這如六聚了知於性空，
今後六眾善惡生起時，這猶講解之中無須伺。
本無最初解脫是空故，只此生起而後不追隨，
放於此處之心本性中，無疑走向於自我解脫，
這是六聚自我解脫言。

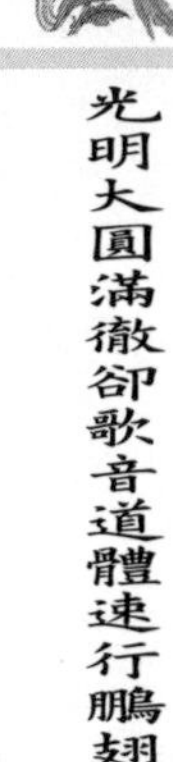

奇呀哉！
現今種姓徒眾仔細聽，你諸自心釋放自原狀，
猶如所觀安立狀所依，憑依觀時所見狀之因，
所依是以空性明姿態，善根俱足眾徒之了知。
所依心的莊嚴而講解，猶如尋思戲論放出時，
觀待空明所見之自性，微微亦無有不動之態，
放出亦是空性明之狀，善緣俱足徒眾之了知。
講解心識放出之幻化，猶如大誨波濤而生起，
猶如大海本身微不動，心者住思轉移仍明空。
微微亦無有不動之故，總之所依是為立明性，
總之生起亦是明音調，心之所依修行是祈願，
修行放出非是此祈願，動念二者無俱全不知。
唯有動念明相無攙雜，因此善根俱足遍高徒，
宜動宜念是為明本性，是諸往昔之時而領悟，
唯有修習動、念、明三者，這是散住不二之講授。

奇呀哉！

具善根的唯一有緣徒，汝眾勿要放逸慢慢聽，
避世歌音六聚自解脫，歌音和雅心純潔如雪，
一切諸法不二空性中，如若確定有寂離取捨。
親和怨中所取亂世間，自他二取之示現非有，
一切無二空性證悟故，這是具有詳細講要點，
乘的極頂在大圓滿中，一切有寂從根本斷離。
最初佛的法身本不二，大圓自性中神鬼不二，
大圓境中覺有情不二，大圓位中善與惡不二，
大圓道中近與遠不二，大圓果中證非證不二。
大圓法中行非行不二，大圓義中修非修不二，
猶如大圓制勝所見處，猶如大圓所見證悟時，
三門粗細證悟一切息，猶如羊毛之中來攙水。
三門寂靜祥和之態住，樂明無思等持定生起，
如是非證輪迴漂泊眾，猶如無故一切唯悲憫，
真實不虛悲憫生大圓，所見殊勝之法亦了知。
一切空性之中所決定，棄惡揚善禁戒之非行，
惡之空談邪魔之所見，猶如所見邪魔不自主，
這是諸大圓滿之講解，是諸講解十分之重要。
處境世俗遍傳之諸法，一切空性之中無證悟，

觀修之中心想一切修，此原因中最初亦如是，

觀待正祈請一些上師，集中精力妙觀一些放。

如是觀時心中亦歡喜，一切空性之中而閃爍，

生起之後外現於諸境，以手觸摸所取無因想，

唯此所觀一定是存在，想的信念一定生徹底。

是為今生所觀之起信，所取放出無染無執態，

達到講解之後而修持，死時一切中有最怖畏。

一切自相空性自身中，了知之後清淨處證悟，

如是所講未涉及修持，猶如從初一以後交錯，

猶如每月十五前交錯⑯，世俗諸法一切無實有。

非有證悟說證極虛無，猶如開始在此講解時，

實際上師在自跟前坐，以上斷定絕非是岐途，

由是善根徒眾心守持。

希呀哉！

善根俱足徒眾請聽聞，如是所觀情況領悟後，

親眷愛憎恩怨連根斷，唯有林間和山窪之中，

身體勤事黎明坐瑜伽，語言斷絕而無話可說。

心從虛空心處而超越，此亦從心性中不放出，

是為所見心中無指望，無修⑰心性之中所依處，

未得大圓滿果而證得，復次平等安立所見時。
如是感覺安立明心性，感覺走失神態是昏聵，
尋思之網隨一無約束，專注所緣法無倏明逸⑱。
顯示無有遮隱而放出，是以心法心超義不見，
心所行法無處之不到，心證超越不作義祈願，
無比攙雜欺誑而顯出，一切二取離所見殊勝。
是無取捨修持之殊勝，是超精進行持之殊勝，
是尋祈求原處果殊勝，所觀不見所見欲放出，
修持不得隨念取注境，行無成就所取到幻术。
追求不得果的目的失，今生智慧不惜而散漫，
所取不作偏袒無沾染，今世所見無實有明現，
這裡一切所見的極頂，專注所緣法性與心離。
這裡一切修持的極頂，無誑無執悠然而安立，
這裡一切行持之極頂，不求最初任運而成就，
這裡一切證果之極頂，所見中心空明無執依。
所修中心自解無執護，所行中心六聚鬆緩立，
果的中心懷疑終寂滅，離開邊際所觀殊勝佛，
離開星辰指向殊勝佛，離開取捨行持殊勝佛。
離開疑惑道果殊勝佛，非觀所見在專注所緣，
非修到了一切樂生起，非行了知破立⑲而取捨，

非謀得因⑳果之祈求失，是以一切專持無作用。

這是和非破立無作用，不依星曜偏袒無作用，

最初清淨自明自示現，從心處慧寂滅無所見，

從體相處脫離無修持，自我解脫無邊亦無行。

精進修持無有究竟果，唯自性空無證得捨離，

自性明空精進之修持，一切無有障礙無偏私，

總之生起亦如是無執，猶如瑜伽智能虛空路。

往昔烏的蹤跡阻不見，往昔念思亦阻礙不見，

在此尾隨追取無相續，猶如未來無實有鳥跡，

念思後際三土無所作，猶如跡鳥現今無形色。

現今念思平庸本身行，如是眷屬不弄虛攙假，

猶如生起亦如是無執，這是究竟中心道負載。

總之生起亦如是無執，所染自滅是為大智慧，

無生心寂見最初解脫，如認真修而無所見因，

原狀悠閒在自居修持，如若認真修持而無因。

取捨不二幻化之行持，如若認真修持無行因，

疑惑不二證果之自性，如若認真修持而無果，

三世根本分離之自性，無修現前之相心中樂。

自始至終自性法清淨，最初盡解脫精進稀有，

平庸了知悠閒無造作，佛的密意離邊境廣大，

此亦精進伺察修持故，自性實質本來見不變。
無思無察平凡法性中，無有修持與否及放逸，
無修持而悠然多解脫，解脫與否勝義中不二，
若知本性甘心任運成，無尋所求尋思束縛中。
尋思生起十方眾精進，無有來去所見本性上，
信口失言自任意安放，猶如靠山不動牢固處，
易地㉑步法徒眾而了知，這裡修持色法㉒不可得，
念不散失執受最珍惜。

希呀哉！
現世善根徒眾這裡聽，非是外境現空在自身，
猶如初空水月無需淨，內念尋思自隱無蹤影，
精進眷屬在此不需入，現心最初解脫富足智。
隨一取捨疑惑無增益，顯現繚亂裸露即此中，
伺察意㉓之本質體不遮，翩翩負荷之債無蹤跡，
放出無有偏袒大平等，此之心性念思一切生。
無偏自然顯出自張開，了知深谷蹤跡不追尋，
相心琅瑺㉔是淨亦非淨，模糊不清法性喧雜中，
大平等性佈施中普賢，現今到達密意之悟境。
大圓最初解脫任運成，稱之各種自解脫瑜伽，

若不行走亦到達佛土，若無修持果亦任運成，
猶如無捨所染此處淨，上師喇嘛密意與俱同。
尾隨諸種事業而執受，是諸要點徒眾須聽清，
這是前輩法王大恩德，出世㉕任運成就大密意，
到達六眾自我大解脫，是諸要點有的人不知。
盡一切之執受住而行，即彼最初解脫住而解，
即彼最初安立住而立，即彼最初修習住而修，
即彼最初行持住而行，稱曰伺察意的祈願者。
聞聽空話而領悟尋思，證是修持勇氣和慧行，
伺察二取復次作修習，在此法性伺察意之人，
大圓心髓無緣份決定，不需行為所行不執受。
從所行不行之顧慮死，從所修不修之死修生，
所見非見一切死中見，所尋非尋死去非尋得，
如是所見顯露微塵生，坐而講授不聞人在此。
大圓滿行可笑無緣份，所觀一切清淨廣大境，
生起密意有寂無分別，猶如密意歌音聲韻中，
三世諸佛歡喜之無疑，那未外表執迷顯現境。
往復進入漂流於自處，執迷不去而如是言說，
因中庸人我執之執迷，因為瑜伽空性離根本，
所知攙假而不作取捨，安立原狀無執而不迷。

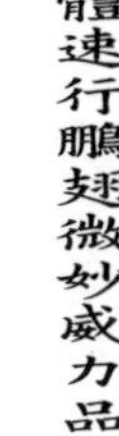

這裡領悟而有在言說，這裡領悟而不迷失路，
猶如領悟有貪欲愛染，盡一切生心性不執迷，
懂得墮罪因何而之來，但是明境之中生起時。
一切生起尋思體相中，即彼所見修習非祈願，
此時所見十分之清晰，顯露部分平等作護持，
此亦所見不放聚之中，所住之時住分不分別。
即彼而非修持之正行，此時之光明淨而透亮，
明澈程度護持於自性，關健不證悟之在二處，
即彼所見修習的心性，想中執迷轉變胎藏子。
唯有所依之處靜慮天，唯有生起平常大證悟，
在此修習證悟不動佛，總持一切時中明部分，
猶如示現應成水晶珠，虛空不動之時清晰護。
變化不離此間心性中，所觀徹卻關健之所見，
驅除顯露清晰護佑中，關健所言十分而重要，
這是百句經中的關健，善根具足徒眾應了知。

奇呀哉！

現今有情徒眾恭敬聽，無有謬誤現四大明點，
所見真實不虛大明點，現今所知這裡最清晰，
明現無謬稱之曰明點，修持無謬大明點之者。

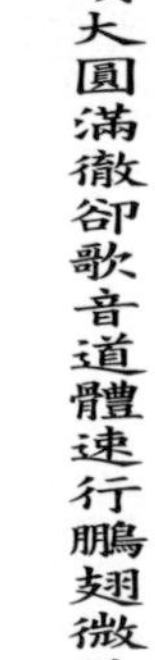

現今所知這裡最清晰，明現無謬稱之曰明點，
行持無謬大明點之者，現今所知這裡最清晰，
明現無謬稱之曰明點，證果無謬大明點之者。
現今所知這裡最清晰，明現無謬稱之曰明點，
大光明之不動根本現，所見不動之為大光明，
現今所知這裡最清晰，三世不變於外稱曰光。
修持不變之為大光明，現今所知這裡最清晰，
三世不變於外稱曰光，行持不變之為大光明，
現今所知這裡最清晰，三世不變於外稱曰光。
證果不變之為大光明，現今所知這裡最清晰，
三世不變於外稱曰光，所見不同廣大而眾多，
現今自明自生智慧中，將見與之正見不分別。
所見非見之善巧追尋，所見善巧追尋而不得，
到達今生所見之終點，所見將見盡一切非有，
初無空斷倏然而非去，現今所知無虛假明亮。
此是大圓滿中之所見，修持不同廣大而眾多，
現今平庸之智無遮斷，將修與之正修習無二，
修與無修善巧尋不得，到達今生修持之終點。
修與將修一切而非有，沉掉籠罩昏聵根不變，
現今智能不虛自明現，是為安立不虛之修持，

修持不同廣大而眾多，自明智能唯在明點中。
將修正修無二為一體，行而非行追尋修行者，
行持善巧尋找若不得，此時到達行持之終極，
行持將行一切之非有，習氣愛染執迷根不變。
現今所知不虛自明中，誑及雜染取捨遍不作，
正是如彼清淨之行持，果位不同廣大而眾多，
自明三身任運而成就，將成能成無二為一體。
果位未成追尋成就者，果位成就者如找不到，
到達今生果位之終極，果位將成一切亦非有，
取捨疑惑執迷根不變，今生智能自明任運成，
三身示現自明唯空性，最初佛的果證即如是。

奇呀哉！
現今種姓徒眾盡善聽，如是開始心不散守護，
流於中有漂泊是本身，流於中庸無來亦無去，
明空二者若果無分別，成為今生所見之悟境。
夢境白晝二者若無別，成為今生修持之悟境，
苦樂二者若果無分別，成為今生行持之悟境，
若與來世二者無分別，成為今生本性之悟境。
心與虛空二者無分別，成為今生法身之悟境，
自心與佛二者無分別，成為今生果證之悟境。

奇呀哉！

亦復種性徒眾聽我言，所觀實體身如水中月，

猶如語之回聲而重誦，心思集中清淨於自土，

遍聞一切諸法如幻影，陽焰夢境身影如水月。

尋香城樓㉖光影㉗如幻化，如幻泡影回聲不執修，

而從一切威儀路狀態，共界不斷相續作傳遞，

念力無有沾染之原狀，自開自解不執於明空。

無諦任運成就無蹤跡，超越往昔盡一切尋思，

猶如飛鳥虛空無蹤影，猶如今生了知無微塵，

猶如來生尋思自擇定，適當鬆緩而不作改動。

如昔寬鬆狀態而悠然，粗略尋思三毒五毒等，

猶如空宅之中入盜匪，六眾境相一切無蹤跡，

猶如幻化城樓㉘已寂滅，總持生、滅、住之基道果㉙。

觀修行果時處而所說，將立能立解釋放鬆等，

明無偏精持不取捨，猶如大海之中一水滴，

遍一切法心之內清淨，建立信念不執水中月。

如是修時尋思而旁鶩，修未來想無須有困難，

心思旁騖住於空而空，總之生起亦是明自性，

破立取捨隨一無作用，解開非有虛誑自心性。

因此尋思定解脫自土，如若不住愚癡眾生中，

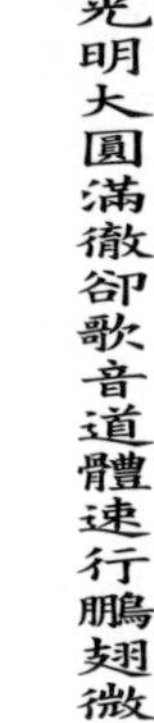

講解之時伺察增上立，再者如此尋思之注視[30]，
需或不需尋思在生起，接二連三各種之行相。
自心微微得到而戲論，由是在不中意時放鬆，
復次心中修具德上師，這裡心思長久而能持，
安立以後無執明自性，復次在心之中修明點。
正是如此降下大灌頂，相逢於地離去而所思，
整個心思散亂定斷絕，掉舉斷時安立見自性，
極大昏沉觀法生倦怠，穿越明顯現清晰守護。
復次在自心性明點中，到所緣境不斷呼「拍」聲，
從梵淨穴猛力而放出，去虛空中心血而相融，
從彼虛空性相意之中，因此昏沉不可能不醒。
沈昏醉時安立無執態，這諸上師親訓[31]須了知，
不悟祈悟而無有束縛，廣大明生讚頌平等性，
心胸寬廣隨意而心樂，猶如最初尋思深谷水。
中間瀑流恒河緩緩落，猶如最終諸河歸大海，
子母光明匯合於心處，尤其病魔幻化一切生，
改變承事一切無所作，猶如平衡冒險之行持。
屍林海州茂盛之林苑，天然岩洞千樹前聚集，
怖畏淒涼之處去之後，自身情世萬物化甘露，
十方佛子盡一切供養，此諸眷屬慈悲之姿態。

變成光輝一切出輪迴，光明甘露一切隨所緣，
變成功德施主護法神，悲憫六聖土[32]的有情眾，
宿業魔障一切而生起，量等虛空盡有情眾生。
嘗試解脫甘露滿足後，生死涅盤無二心抉擇，
心性不虛偽的法身性，行止棲處連蹦亦帶跳，
言笑啼哭及悅耳音律，踩踏攪動顛狂之行為。
最終住於平靜自心性，夜晚如昔安樂而睡眠，
念思集散一切尋思離，念思無生圓滿正常眠，
若如觀修病魔盡息滅，猶如觀修吐納證虛空。
猶如修自明行一童子，一切曜朮[33]脫離態瘋狂，
猶如自他無二聖等持，猶如何言無持回聲調，
猶如何處亦無著鶤鵬，亦復猶如不膽怯獅子。
猶如盡初解脫晴空雲，猶如瑜伽善逝持明身，
虔信頂上恭敬我頂禮，如意寶珠而為最殊勝。

奇呀哉！
現今請聽善根脫俗歌，大日如來滅度此內有，
心性戲論脫離大法界，愚昧此土之中淨體相，
而是有環[34]吡盧遮那身，若無金剛心而此內有。
智力生處無障礙明鏡，瞋恚自地之中淨體相，

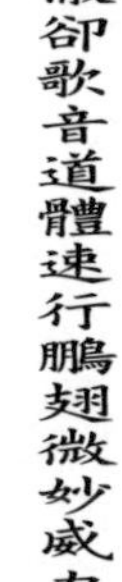

有壞金剛薩埵實有身，寶生如來滅度此內有，

無有取捨破立平等性，我慢自地之中淨體相。

有壞寶生如來實有身，無量光佛滅度此內有，

落入樂空界中妙觀察，貪欲此地之中淨體相，

有壞無量光佛實有身，不空成就滅度此內有，

透明自我解脫聖悉地，持疑自此之中淨體相，

有壞不空成就佛之身。

奇呀哉！

現今善緣心的唯一徒，請聽意樂金剛聖道歌，

若如是證盡情世萬物，是為口訣經義曼陀羅，

示現善惡種種來內中，以故自生智能見幼苗。

空性最初解脫無執文㉟，相空不二態中閱經典，

三千世界盡任運壇城，自降雨水甘露而灑播，

天然路徑而播灑線條，足跡彩色微塵作花紋。

自身現空護法神之身，所聞言語空性金剛誦，

念力不持自解脫密意，肢體擺動盡一切手印，

飲食法性供養之等等，所坐一切之相佛妙身。

高聲言說唯一切聲律，不護㊱不傲自降殊勝語，

如是瑜伽盡一切行持，光明法性之中授口訣，

生起次第㊲誓言圓滿中，無須憑依精進法因果。

任運成就而是大稀有，疾速證得大圓滿之果，

是殊勝法而具善根徒，如是若果一定而修持，

猶如眾雲虛空中消散，有寂眾證清淨初地中。

猶如日壇不遮蔽光明，自見光明法身現前後，

滅除醫治放能秘悟力，種種神變現後眾調伏，

道路功德無餘而圓滿，解脫人根是諸殊勝時。

平凡之人死後在中有，解脫淨土之後在內界，

三身智能不脫離常住，一切調伏示現而變化，

饒益利他之事不斷作，是諸詞義心中之精華。

舒適太陽從內而升起，猶如密意音律高歌者，

離俗六聚自我相解脫，以故善巧緣份多調伏，

無明習染尋思一切垢，最初清淨界中疾速淨，

一定證得唯此果位時。

稱曰光明大圓滿徹卻歌音道體速行微妙鵬翅威力品，是由鄔金蓮花生大師所講明不蔽之言，遍一切智七寶藏三乘。大圓滿送終經典在虛空中，周匝三重圍繞深義大海雲堆，是大圓滿空行心髓桑傑拉江等等若干藏中許多大圓滿主體，也是上師喇嘛重要口訣，由自己的修持心要，楞邊莊飾，為了饒益信仰密乘之諸多徒眾，而

使其脫離世俗六聚，自我解脫，而作是言。這亦是佛為饒益無邊有情眾生，破除執著。是為金剛道歌，在解脫義中，因饒益盡一切善根俱足的追求者，取以瑜伽觀護之時。

取義持明希桑哈之語，
所依諸佛之意廣流傳，
有情眾生之見章節處，
猶如虛空增廣之傳授。

如是教言，猶如明空而大增廣，讚頌平等，自性廣傳金剛道歌，吸收及觀修傳誦。

注釋

①毳衣：發願終生但服用粗褐所制三衣及其它衣服的比丘、比丘尼等出家人，即十三頭陀形之一。

②簡車輞：從低處引水至高處的自轉水車週邊的圓輪。

③觀待：依賴、相互依存之義。

④我：自身所攝諸蘊畢竟非有。二種無我之一種。

⑤人：數取趣，梵音譯為補特伽羅。佛書說依附蘊命為人，為士夫，為有情眾生。其身心中所有功德過失，時增時減，數數聚散，故名。

⑥二指：此處特指手足第二指。

⑦無實虛空：又譯為無性空，指諸無為法如虛空及涅盤等所有法性非諦實有，為十八空之一，

⑧初無見有：對境實際無有，或不成實，但在暫受惑亂外因損傷之根識中明白顯現，如見一月為二月之無分別顛倒識。

⑨四大種：指地、水、火、風四大。

⑩他化自在天，六欲天之一，奪他所化妙欲資具而自享用，故名。

⑪婆羅尼斯：梵文，古印度婆羅奈河與阿斯河二河中間之城市或地區，釋迦佛在其鄰近初轉法輪。

⑫業相:業力引發的生命輪迴不淨現分，又稱業行現分。

⑬隱居：指脫離世俗，獨自己修行者。

⑭基位明：即基位光明，一切眾生心之本性，原始清淨，自然光明，即因位如來藏。

⑮阿魏：傘形科藥用植物名，味辛，性濕，功能治癔病等風疾，殺蟲益陽助消化，

⑯交錯：即交錯說。認為曰、月行星等諸軌道與宮宿等（恒星）的軌道不同，是有交錯關係的一派說法。

⑰無修:即不生修習的念頭，此噶舉派的專用朮語，指沒有執著修行者，執著所修習法與執著修習法的行動三種念頭而言，

⑱倏明逸：指倏爾明潔而隨心思放逸。

⑲）破立：肯定和否定。

⑳謀得因：說明為求謀得所欲事物而進行種種權朮的修辭方法，因由修飾法之一，

㉑易地：指地位改變，

㉒色法：此處指微細色法。

㉓伺察意：七種心識之一，全無憑藉任何經驗，理由以實際排除增益之定知，而一概從新耽著真實自境之計度心。

㉔琅璫：懸掛飾品相觸聲。

㉕出世：指脫離一切世俗事務。

㉖尋香城樓：海市蜃樓。喻無而顯有者。

㉗光影：眼花繚亂所見二重像。

㉘幻化城樓：幻朮師變現的樓臺亭閣等。

㉙基道果：大小乘的見、修、果三位，基位指抉擇正見，道位修習、行持、果位。指現證菩提。

㉚注視：此處指專一注視所緣境。

㉛親訓：概括上師口頭訣竅的著述。

㉜六聖土：此處指殊勝清淨佛土。

㉝曜朮：一種詛咒怨敵的宗教方朮。

㉞有壞：意指有六功德，壞滅四魔。

㉟無執文：不要執著文字所寫。

㊱不護：如來身，語，意三業清淨，微細過失，亦不沾染，故爾不畏他知，不須防護。

㊲生起次第：為求淨治四生習氣，解脫凡庸見、聞、覺知之縛，現見本尊、真言、智慧本性而修持之瑜伽。

光明大圓滿脫噶歌音
入門口訣集要

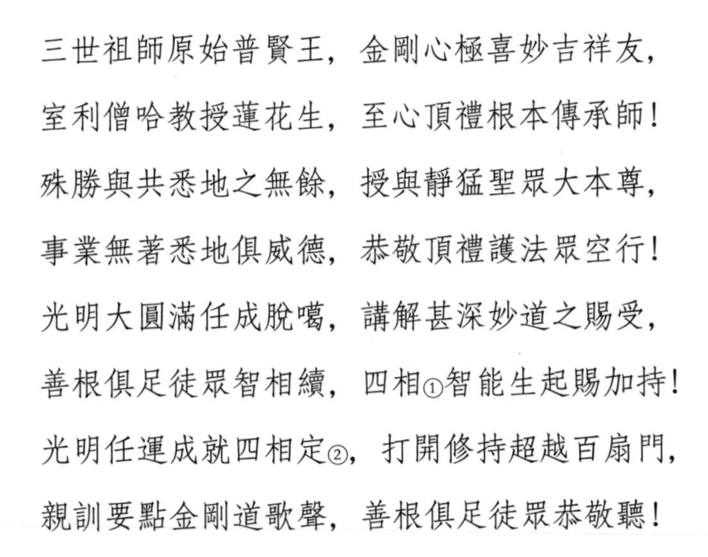

三世祖師原始普賢王，金剛心極喜妙吉祥友，
室利僧哈教授蓮花生，至心頂禮根本傳承師！
殊勝與共悉地之無餘，授與靜猛聖眾大本尊，
事業無著悉地俱威德，恭敬頂禮護法眾空行！
光明大圓滿任成脫噶，講解甚深妙道之賜受，
善根俱足徒眾智相續，四相①智能生起賜加持！
光明任運成就四相定②，打開修持超越百扇門，
親訓要點金剛道歌聲，善根俱足徒眾恭敬聽！

奇呀哉！
極無戲論最高大密藏，精進任運成脫噶關健，
唯此今世實有光明身，修行清淨證覺勝教言。
其它乘中名稱未聽聞，九乘頂首大圓滿勝法，
七根本③比其它乘殊勝，唯明無有遮蔽之證悟。
諸根之中不遲鈍要點，法性根如所觀中而有，
唯伺察意中不依要點，取捨精進修持而示寂。
年紀亦老非童子面容，自已證悟最初垢分離，

善惡業中無善惡面容，法性光明現前所見中。
世俗所言唯不觀面容，法性心和口處如若死，
觀修基道果中不觀顏，唯有了知三身道相後。
不返三界輪迴之面容，總之從共同乘諸其它，
要點不可思議之殊勝，所言不足這裡不詳敘。
由於徹卻七種甚超群，修持實踐彙集大殊勝，
身的根本要點勝光門，尤其所見天資之殊勝。
自相示現所見之殊勝，光明唯有殊勝之心境，
增上殊勝等等共七種，注釋遍智密意無上乘。
從詞義藏④增上之所講，猶如若欲修持授訣要，
唯此開始之時而無染，世間一切所行捨斷後。
這乘之中修持不低下，因與合格上師心相應，
根本所依年和月之中，能熟根融授解⑤，諸次第。
復次傳授心中應圓滿，從彼行相集散無喧雜，
猶如共前行合格儀規，在前賜與脫噶根基中。
如觀徹卻需應該昂首，觀徹卻的要點取得後，
得到鞏固修脫噶要點。

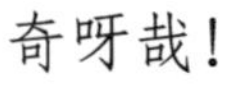

奇呀哉！

誰證得到猶如獲珍寶，修持脫噶導釋次第觀，

三門所行九節佛風法，三門諸要指向三要點[6]。
智能現前斷定之姿態，斷定之後而講授正行。
以後以四瑜伽修持法，修持之後四相生起法，
結行秘密口訣共七種。

奇呀哉！
首先三門所行捨施法，唯有能行法性意無餘，
現前自初降後修持時，三門應修九節之佛風。
是以身體之外所修時，誅怨護親一切能達到，
內密所行手印盡變化，秘密本尊舞及手印等。
捨離之後孤獨而所住，語的外器世間執迷言，
內行所修反復憑念誦，密行所修風脈重誦等。
唯有斷除緘語之所住，心處平庸執迷之尋思，
內行所修正信及悲憫，密行所修生圓心所持。
斷捨無別共同之所住，如是所修許行之需要，
身行進入自身之有暇，自身有暇諸慈悲有暇。
諸根有暇風心[7]而和緩，風心徐緩以尋思自力，
停後光明智能現疾速，身體諸大[8]而不會絮亂。
瑜伽身中疾病而不生，語的所修其狀不可言，
禪定生出嘎底[9]水晶管[10]，脈的裡面風息盡流動。

適宜流動光明而增上，憑依風息徐緩流動力，
瑜伽行者長壽之無疆，心識所修進入於尋思。
唯散聚時才能夠停止，生出徹卻如昔之相續。

奇呀哉！
第二三門是諸之指向，首身要點三身之坐姿，
法身坐姿形體猶如獅，軟墊之上二足掌交錯。
身體一切現出勻稱相，體態傲慢形相如是坐，
身風控制如慧風增上，手指關節彎曲腿內外。
以手著地放出體風息，返回上身端正而伸直，
印像疾速生起之必須，以故後頸唯心向上揚。
與本性、明二者無離合，報身坐姿猶如大象態，
軟墊之上倒立做睡姿，身體聚合諸法之壓下。
以用兩膝胸脯緊相連，樂暖生起諸剎土興旺，
在足指和臀部之外側，一握屈伸[11]沉掉而均衡。
兩肘以及二掌心著地，能依下頜手指近相交，
體內顯現曳引你後頸，向上抬起內現無聚散。
化身坐姿猶如仙人態，在軟墊上堅韌頑強坐，
以一雙足赤踝而緊靠，法與智慧相連後生起。
憑以一雙足掌而著地，二取所作二風息壓住，

膝處連接色身之諸大，全身均衡軀體而伸直。
脈不糾結風息動徐緩，雙手交錯膝蓋而轉動，
本性與明能行於相融，如是坐姿修法之必需。
法身坐姿修法階段時，身體之內五大要平衡，
可見究竟本性之義證，報身坐姿修法階段時。
執能動風究竟任運成，五光智慧疾速能生起，
化身坐姿修法階段時，身中暖生不淨之究竟。
僅能生起幻象之剎土，復次法身坐姿憑以修，
佛智這世一定能圓滿，唯這報身坐姿修法中。
成為所見佛剎土現前，這裡化身坐姿修法時，
利生無著成就之所說，三種坐勢若無有變動。
稱之三千諸佛俱共緣，秘密行持相續之所言，
一切第二要點諸種說，平常越來越少賜與後。
諸言誦斷學到之微少，於是依次持誦常專注，
重誦密咒中等人清淨，其它之中一句亦不說。
這時僅僅以此喻表示，一切能修所教中依止，
於是依次持誦漸少賜，最終一切誦語均變化。
不可言說而且不超越，唯有身的引喻亦不作，
如是到彼岸行之需要，餘無他言混雜身熟練。
身熟練相諸佛菩提心，空翔聖眾空行賜加持，

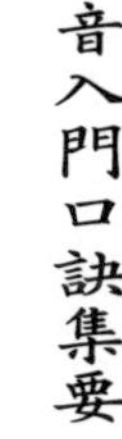

身者幻化身中能解脫，於是遮斷持誦熟練語。

以故此之相中諸非人，表示諸言一切所講來，

一切所言障礙心熟練，這是相中昔前之非人。

從彼色見神通能生起，殊勝住時諸亂語所染，

人增上到彼岸一切覺，語之悟境之中離苦難。

第三最初要點虛空淨，專心注視眼識而不動，

猶如虛空自心而融合，教化六識本身自證悟。

明空燦爛變化而生起，此階段中自證之現前，

所觀光明無餘到彼岸，證覺應有盡一切善根。

奇呀哉！

第三門、境、風明三要點，智慧現前要點降下狀，

此亦猶如要義匯聚中，猶如刀劍飛起盡非命。

門境風明三要點口訣，法性光明變化之處無，

門的要點現前能看見，境的要點而無有變化。

風明要點能達到限度，猶如門的要點喻守者，

猶如境的要點是旅客，猶如風息要點是盜匪。

守者及時盜匪而不入，根的諸門不動風和緩，

猶如賓客在館驛居住，所見現前而是智慧境。

只此開始能生門要點，猶如平常所見之光明，

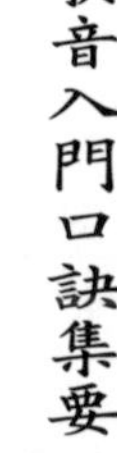

唯有智能不生如生起，從上增上而無有變化。

所學要點門要三觀姿，復次所見智能之心意，

猶如管中瓶內油燈光，自張許多晶管光明脈。

猶如絲線拉直道相續，目之孔中示現勝法身，

觀姿向上返轉於髻頂，所觀行相報身之觀姿。

如觀左右之側射竹矢，化身觀姿雙目而凝視，

唯有降於下方之仙人，猶如等持修習而所觀。

法身向上返轉後觀看，消除習慣向下之欲求，

以故報身兩側平等觀，唯有有寂不二能和合。

化身降下方後憑所觀，智慧示現明顯而增上，

第二境的要點者自見，自開從內到外而生起。

處表實有大略地和水，專門注視火風不適宜，

住者緣離美妙在高處，境緣脫離虛空明淨時。

天資因緣脫離憑雙目，上午落下下午而升起，

光升現樂二返光和合，所觀晨日升時暮時落。

此亦太陽剛一肘之時，以下所觀虛空之空明，

如是外虛空大空性中，專注明空透明之狀態。

行住與俱無量平等生，實有性相分離必需有，

第三風明要點在徐緩，能依所見精進而妙善。

風各種要不捨離空性，牙齒嘴唇微微不相觸，

極其徐緩能進入生起，是為這乘宗風之原由。
唯此風息要點最重要，如是所修風息最緩和，
如外瑜伽之時增助行，內中尋思落下能作緣。
密咒心境增上所行處，能修漏等不現證覺力，
明的要點金剛勒格吉[12]，內中經院安立而不離。
如是專注金剛鏈之上，尋思終止淨化執迷處，
智能子母和合明自性，與風息離而無有來去。
所見通達之存在需要，如是坐姿門、境、風明要，
所觀控制日光唯一肘，外界是為在虛空之中。
稱曰內界性清淨燈明，從眉間之增相[13]五合聲[14]，
猶如彩虹升起極光明，這是裡面明點空燈明。
此喻池中投石映影像，開始模糊最終才清晰，
最終示現明點之光澤，所見稱曰金剛連環鏈。
猶如馬尾挽結金色線，猶如珍珠瓔珞美花環，
猶如鐵索初升之陽焰，現出模糊搖動而生起。
觀姿引導之入內經院，進入不動所觀是要點，
所見稱曰智自生燈明，智慧清淨不二任運成。
以此稱曰智明空無執，如是以四燈明作修持，
一切眉間本性明離後，光明無隱而生起心境。
次第生起變化盡善根，以此階段所見唯智慧，

現前親見心明與之離，所修之時憑以見真諦。
自性化身田中生出取，如若修持四相到彼岸，
無餘證覺之欲願存在。

奇呀哉！
第四正行介紹兩種法，首先是為妙力大灌頂，
此亦上弦初十吉祥日，山巔寂靜廣大之虛空。
晴空無有雲霧極澄淨，現前光明生起現樂處，
清晨太陽高升輻射時，圓滿和合會供曼陀羅⑮。
上師喇嘛高座而善住，黃金曼札等等呈獻之，
徒眾如是而祈請上師，唉呀上師大金剛總持。
把我從輪迴海中救度，無上金剛乘中大密道，
祈請勝義智能授灌頂，如是三次而人於祈請。
於是教授胸間阿字觀，顏色深藍極光明莊嚴，
徒眾之中心思勿散亂，如是以目觀看講解中。
上師手鼓音聲與之俱，傳承祈請和雅之聲律，
徒眾感覺無變化而說，傳承祈賜加持降之終。
一切教授放出大智慧，心中斷滅寂靜「拍」之聲，
所言猛利如是遍心性，三次中間由上師所講。
稱曰一切賜與諸眾徒，離開驚愕持續遺余時，

所見如昔光燦爛生起，無有所見而廣泛看見。
而是法身本性降智慧，從彼進入實有法徒眾，
化身坐姿靈敏仙人坐，以目依次所觀向四方。
佛之剎土道土心中放，唯有上師向徒所言講；
稀有善言之心徒聽清，從彼東方世間之剎土，
眾多有情死後到彼岸，唯有以上殊勝境之處，
稱曰示現極樂之剎土，靜樂廣大功德多莊嚴。
所見華美如意不知足，而有心情舒暢佛剎土，
正是如此化身剎土中，稱曰有壞之金剛薩埵，
身色潔白綢裝與寶飾，報身莊嚴所飾而所住。
四圍環繞菩薩眾無數，聞法唯有此諸佛開示，
傳法於自己諸親眷屬，居住大圓滿壇城剎土。
善根徒在東方剎土中，憑依大象觀姿在所觀，
獅子跳躍姿勢巧妙跳，是為顯現極樂剎土教。
善根俱足之徒佛土力，心性奔放往後不退轉，
如是拍紮白夏雅阿阿，最後空性能融為一體。
奇哉善根俱足徒請聽，從這南方世界之剎土，
無數眾多頓超到彼岸，唯有以上殊勝之境地。
稱曰吉祥具德之剎土，樂雅廣大許多功德俱，
華美如意所觀不知足，存在心情舒暢佛剎土。

到彼化身淨剎土之中，稱曰有壞之寶生如來，
身著黃色綢緞和珍寶，報身莊嚴所飾而居住。
周圍環繞菩薩眾無數，唯有此諸所教而聞法，
法筵於自親屬及善眷，即彼功德圓滿在剎土。
非能所繪精彩心壇城，有大圓滿本尊壇剎土，
善根徒在南方剎土中，唯有獅子觀姿而所依。
虎躍姿勢巧妙作跳躍，是為具德剎土之示現，
善根俱足徒以佛土力，心性奔放往後不退轉。
如是拍絮白夏雅阿阿，最後空性才融為一體，
奇哉善根俱足徒請聽，從這西方世界之剎土。
無數眾多頓超到彼岸，唯有以上殊勝之境地，
稱曰極樂世界之剎土，樂雅廣大許多之功德。
華美如意所觀不知足，存在極樂佛之淨剎土，
正是如此化身之剎土，稱曰有壞阿彌陀如來。
身著紅色綢緞及珍寶，報身莊嚴所飾而居住，
周圍環繞眾菩薩無邊，唯有此諸所教而聞法。
法筵於自親屬及善眷，即彼功德圓滿在剎土，
非能所繪精彩心壇城，善根徒在西方剎土中。
唯有吉祥威德之所依，只有鶤鵬妙翅鳥飛翔，
是為極樂剎土之示現，善根俱足徒以佛土力。

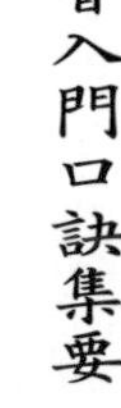

心性奔放往後不退轉，如是拍紮白夏雅阿阿，
最後空性才融為一體，奇哉善根俱足徒請聽。
從這北方世界之剎土，無數眾多頓超到彼岸，
唯有以上殊勝之境地，稱曰事業最圓滿剎土。
樂雅廣大許多之功德，華麗如意所觀不知足，
存在極樂佛之淨剎土，正是如此化身之剎土。
稱曰有壞不空成就佛，身著綠色綢緞飾珍寶，
報身莊嚴所飾而居住，周圍環繞眾菩薩無邊。
唯有此諸所教而聞法，法筵於自親屬及善眷，
即彼功德圓滿在剎土，非能所繪精彩心壇城。
在大圓滿本尊壇剎土，善根俱足北方剎土中，
金剛持的觀姿所依憑，紅光閃電妙掣而逝去。
事業極成是剎土示現，善根俱足徒以佛土力，
於是徒子跏趺而所住，雙目向上轉動而觀空。
心中應入上師這善言，奇哉善根俱足徒請聽，
從這上方世界之內中，屍林火山熾燃在剎土。
晝風彌漫夜間火燃燒，顱骨幹濕陳舊無邊壘，
田莚門蔽日月窗孔明，大區小域華蓋勝幢簷。
十分怖畏駭人之剎土，極其怖畏剎土之部主，
俱足有壞童子英武力，從心寂靜狀態而不動。

忿怒裝束示現而居住，環繞持明英武空行母，
心無遍復住而盡一切，俱有怒容所有盡如是。
此諸部主之中法聽聞，自己諸近邊中勝密咒，
法性清淨之密教法會，雖然怖畏而難以忍受。
稀有實難繪之心壇城，而有大圓本尊壇刹土，
徒眾怖畏示現尋思生，中間火山熾燃之刹土。
憑以大象觀姿而所觀，獅子跳躍姿勢巧妙跳，
是現火山熾燃之刹土，善根俱足徒以佛土力。
心性奔放往復不退轉，如是拍紮白夏雅阿阿，
最終空性才融為一體，如是印象所見壇城中。
五門各自進入而受用，教授密意俱足之徒子，
信仰、誓言二者若和合，即此世中而無需修持。
自性化身田中而安息，光明大圓滿之殊勝法，
於是徒子獅子所坐姿，廣增上地而有大智能。
這世五眼⑯證得在緣起，以目斜向左右而直視，
空明無遮智能灑光明，奇哉善根俱足徒請聽。
此諸刹土生處中變化，自己所見意容與分離，
體性智能無昏沉融入，一切亦不離無量法性。
無量空性自證悟遍復，無生廣空清淨法之身，
猶在虛空無來去本性，去者心性根決斷隔離。

此諸刹土自己妙智力，從刹土旁成就無微塵，
別無能喻無量佛刹土，自己智力亦不能例外。
了知明空本身而安住，唯此智能光明中護持，
唯此生起種種無執中『，法性意不遍復悟境阿。
安立如是空界本自性，以故這如智力得灌頂，
一切無明習染根中淨，所見智能增上現前地。
修持法性光明中主宰，人諸殊勝這世中解脫，
慣於諸微力中有解脫。

奇呀哉！
第二正行所講八種法，首先徒子之坐勢觀姿，
所觀光明脫噶而示現，從彼上師喇嘛如是傳。
嗟！
善根俱足諸位徒眾聽，此亦我等是諸心如意，
秘密殼中盡一切諸佛，與心無別唯所見智能。
匯聚無為任運而成就，如是最初怙主光不動，
體相部分空性而無我，自性部分不障礙光明。
悲憫才力色身與智慧，無有分別內明瓶中燈，
光明射出許多水晶管，光根內續遠境水燈明。
雙眼眶中示現在虛空，即此生起猶如五彩虹，

是為本性清淨之燈明，此為裡面比喻塘水積。
猶如水中投石幻泡影，猶如閃爍五彩孔雀翎，
圓形微小明點具升起，即彼是為明點空燈明。
本性明點之內馬尾中，猶如挽結奪目盛花簇，
猶如珍珠瓔珞鐵索等，猶如蔚藍晴空降甘霖。
是為稱曰金剛連環鏈。講授隆欽七寶藏[17]之時，
總光明中金剛連環鏈，總攝頌之諷詠亦充分。
此諸無有散亂所觀時，清淨任運成就不分別，
了知明空無別大智能，稱曰智能自生之燈明。

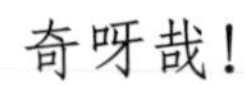

奇呀哉！

首先講授五身道次第，是諸光明示現盡一切，
五身名相所見智能性，現大光明毗盧遮那身。
遷轉不變金剛不壞身，自性增上寶生如來身，
光明無量阿彌陀佛身，五光任成生起義成身。
所見五方本尊之容顏，即彼二取執著無約束，
唯一明空無執中修道，五部諸身所見時證果。
第二五種智能之講授，本性光明塵垢而斷離，
一切諸身生起方位中，所稱之曰大圓明鏡智。
一切無分別平等性智，各個生起曰妙觀察智，

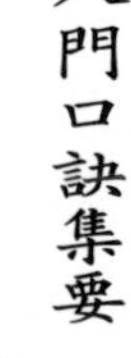

任運成就曰成所作智，此諸本無最初空性根。
遠離煩惱曰法界性智，所見五種智慧自性中，
最初非離非合而所住，此之狀態之中修道明，
空性光明之中果現出。第三講授五部道次第，
正是如此光明諸如來，是為了脫生死如來部。
光明遷轉不變金剛部，諸多功德生起寶生部，
一切惡習無染蓮花部，此中狃習無餘成就部，
事部以之清清楚楚修，以故究竟不退轉之果。
第四講授五光明次第，此諸光明無垢而潔白，
妙力無礙黃色自性中，自光明相紅色之所作。
遠離煩惱綠色不動終，執顯色相脫離修持道，
生起悟境內的清淨果。第五講授五風息次第，
光明示現此諸盡一切，初地溫暖不離火與風，
有寂現分所持命持風，此中習慣輪迴涅盤二。
各個分別淨濁風不同，淨與非淨遍一切初地，
以故五光明遍復風息，即彼修持輪迴命斷離。
如若生出輪迴涅盤地，悲憫斷滅劫中之業風，
此之狀態不虛而修道，到彼岸時證得究竟果。
第六講授五種大智慧，光明證悟與非證分析，
輪迴涅盤二種分析中，分開智慧光明之智慧。

才華顯耀彙集之智能，光明顯耀來去等動移，
即彼移動智慧義證中，從輪迴中救度之智慧。
此亦自性莊嚴而修道，般若波羅蜜多究竟果。
第七講授空行之五部，光明中心是佛部空行，
東方白色為金剛空行，南方黃色為寶生空行。
西方紅色為蓮花空行，北方綠色為羯摩空行，
五部空行容貌是所見，彼之自性修道不散亂，
示現到彼岸時之道果。第八講授三寶及三身，
光明體相空性是法身，光和明點生圓滿報身。
種種生起地生出化身，最初三身不離自性中，
今世所住自己方面知，此中熟習三身道形相。
生起到彼岸為童瓶身，追尋之時勝義果證得，
三寶亦在自己最初處，法性無執迷處是佛陀。
言詞而起勝義殊勝法，不動依止心中之僧伽，
本性勝義金剛乘皈依，不離自性在四相之中，
行持善緣俱足之徒子，即此光明智慧之現分，
以心假立風脈之所持，從緣生起智相空色身，
此非幻惑景象之模糊，從初成就現前大法性，
內心感受真實是所見，這壇城生重誦圓次第，
這是上師本尊及空行，唯此是灌頂律儀誓言。

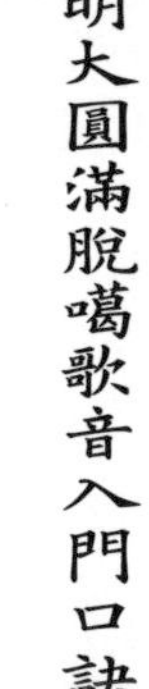

正是如此修行之善緣，如是諸種相樂之假有，
怖畏形象之法最初無，勝義彙集無為大法性，
唯此所行習慣非純熟，最初自性是依止於已，
唯此明態燈明形象中，地水火風四大匹敵故，
即此斟酌非是以力毀，唯有愛染瞋恚及愚癡，
僅此非是最初之障蔽，最初無為自然自生起。
三身無有離集大光明，以是所觀壇城在修持，
精進善根俱足之徒子，從彼徒子歡喜心生起，
善根俱足徒眾觀如是，唯有自生智慧大明點，
是以稱曰法性現前地，上師諸尊菩薩及本尊，
空行等等容貌在示現，如此所見事業之福澤，
稱曰圓滿智能二資糧，三世佛盡一切之無餘，
稱曰諸根一世之證得，稱日證得微妙力善根，
法身報身化身五智慧，稱曰現前趨證大涅槃，
業和習染罪障及無明，稱曰一切純潔而無垢，
稱曰因和緣中已俱足，即此唯從普賢五部怙，
稱曰福份緣法之共同，徒眾今天原無初有得，
證得智慧妙力大灌頂，三千諸佛眾多像所觀，
從彼胎藏之宮城相續，徒眾執受種種解脫道，
如是則為是菩提自性，此亦十地次第之諸行，

如來佛上之一切功德，因非一切現前所照見，
是你今世所見現前地，在修持中如前之所講，
五部剎土在今世現前，所觀佛土之中受用力，
從今日取四相盡功德，到彼岸中所作之修持，
相逢法之盡頭菩薩地，如此等等意樂這生起，
吉祥珍寶瓔珞鏈讚美。

奇呀哉！
第五憑以後行四瑜伽，觀、修、行、果四種修持法
開始所觀任運成光明，光明體相空而自性中，
唯有生起慈悲無障礙，平等住觀種種之行相，
猶如示現而白性無成，猶如水月證悟隨而得。
所觀修持法中有二種，以戲論者修四座瑜伽[18]，
黎明時修持上師瑜伽，中間修持徹卻而始終。
天亮修持樂空猛厲火[19]，直至日出之間修念誦
此喻所觀集行後日出，至中午間而觀修脫噶。
中午巡禮種種之法行，下午時間仍觀修脫噶，
晚上佈施有情持風息，初夜時分開始死無常[20]。
修持生起次第而念誦，半夜時分睡眠隱光明，
盡一切中時過心生起，正行不倚隨後而迴向。

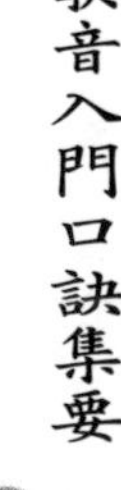

三種殊勝而融為一體，是以稱曰相續非非法，
諸無戲論在晝夜六時，修習唯一光明勝脫噶。
若如此修光明廣增上，到達十分之甚深速度，
傍晚根要點中而匯聚，安樂床塌所結仙人坐。
自身金剛薩埵光明中，中脈四相俱足在臍中，
四瓣紅色蓮花之頂首，紅色短阿作觸靈熱力。
中脈之內而上升熾燃，從頂嘿聲射菩提心性，
猶如攪動牛奶產酥油，猶如火中添入酥油汁。
火上潑油火勢更兇猛，業染習氣等等想熾燃，
樂暖生起安立樂空性，這時首先三種風渣除。
瓶風㉑一切諸多持親訓，中夜進入智慧瓶風中，
身體要點獅子習俗睡，左無名指壓右無名指。
彼心無散自身金剛心，光明身中中脈如箭莖，
胸前中脈之內自性中，紅色蓮花四瓣在臍間。
白色阿字光彩極燦爛，比如梵穴之一白色阿，
此二中間中脈自性內，猶如白色短阿晶躔連。
心中存在臨睡眠之時，一一胸間融入之狀態，
融入阿後阿字放光明，猶如中脈內竅孔日光。
修持光明自性中入睡，睡醒之時如前而修持，
睡時光明脈管中隱藏，關健教言是為甚深隧。

如是修持在睡的分位，空性光明無尋思等持，
現的光明脫噶態生起，專注拂曉明自然示現。
拂曉澄淨不斷口呼氣，三長呼吸如獅子呵氣，
坐姿俱足頂上之虛空，從此滿弓對準心間阿。
阿字如已第二一同胞，修持飄浮而住能持心，
從彼逾高而去思降低，如是修持明空不分別。
智慧清淨本性了知變，此諸這些晝夜而和合，
所講修持次第到彼岸，這是三種行持道次第。
首先一切法門作比較，自己修持之義追尋因，
猶如尋找蜂巢需受用，猶如尋找此蜂巢之時。
猶如在此牆孔盤旋舞，眾多具德上師足下依，
聲法真假取捨而分明，以心義證後降伏煩惱。
修持本身斷絕諸無明，從根本上此伴隨驅出，
猶如燕雀入巢而受用，猶如燕雀在巢嚼食時。
人的枷鎖是往昔行止，鳥巢依附險處後進入，
猶如奪拉下垂進入巢，聞思枷鎖斷絕向自我。
在盡一切信求秘訣中，無疑而入此之伴隨中，
非是惟一一切所行處，猶如野獸受傷需行持。
此喻野獸受傷正如是，愧悔瘡傷而沒有爛潰，
猶如走深谷窟山頂等，此瑜伽仍在三界輪迴。

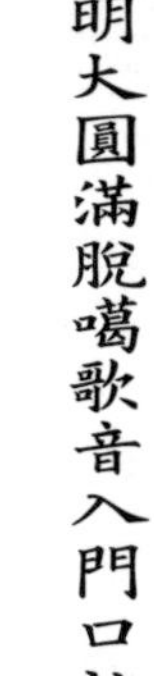

墮落慚愧悔恨之不已，惟一所依山中靜修持，
猶如伴隨而不能言語，所需受用諸餘人之中。
一句言詞亦為無之有，如是修持念住而凝結，
猶如瘋子言語無倫次，身言等等自言亦自語。
行星無定準而力生起，若在這時濁穢不潔淨，
猶如豬狗之行附帶起，依食優劣諸種而揀擇。
而無知足昏憒生行持，如是第六圓滿此時中，
從彼到此猛利所遣除，猶如降伏這邊之獅子。
修持生起獅子在何處？猶如無有膽怯和怖畏，
此瑜伽亦何處不顯示，由於非人禍害已斷離。
隨一之中灌頂力生起，稱曰名相灌頂之行持，
由於其它無信扭轉力，能護殺戳能領悟密語。
證得神通法性相閃爍，猶如酒醉漂泊所疑離，
真實顯現地水風火中，彼此經過灌頂行於道。
在虛空中亦如鳥飛翔，如是生時在煩惱智慧，
以故轉依煩惱不禍害，猶如氆氌所染之顏色。
第七行持在自相續量，量、行、觀，修起之好作用。
第四證果二類別集成，分際任成光明生法中，
憑以破立無疑之行持，道相功德盡微妙圓融。
究竟任成四相到彼岸，清淨法身現前內本性，
三身智能無離集而住，復次法身自性而不動。

以二色身諸凡所調伏，利他之行相續不斷做。

奇呀哉！

第六按照駕馭日月行，其它之乘行道而急緩，

特別大乘至尊殊勝王，四相諸量由我而所講。

是諸俱善根者恭敬聽，如前坐姿觀姿三要點，

所觀日光以及光起暈㉒，所觀金剛連環鏈現明。

修持之中光明之照入，三明點鏈以內示現時，

法爾本性現前相圓滿，如是所見觀滅唯此中。

觀伺察意僅此所觀離，三究竟界不退轉輪迴，

自性化身土中得解脫。

奇呀哉！

第二印象增上相之中，心態相態二者為首要，

心態樂明無尋思等持，心識變化者的諸姿態。

螢火蟲所攜帶煙霧雲，陽焰月亮星辰酥油燈，

猶如太陽升起明示現，沉浮遮隱示現不牢靠。

而不穩定轉依眾生中，終有變化所言如是態，

在此道的測量不能作，自性大圓滿的光明態。

真實無有謬誤之估量，此亦憑依如前之修持，

性明眉間本身變潔淨，由現光明之此諸自性。

五光向上幅升圓密集，佛塔千蓮具足空儀軌，
箭矛鋒刃以及輪彎刀，十字型字㉓瓔珞半瓔珞。
棋盤紋和諸種種肖像，穿戴莊飾中等唯究竟，
種種不定而無次序生，這時此諸光明而現出。
自性遍一切處現生起，此時不分晝夜而現出，
證悟光明而逐漸燦爛，唯有愈善諸多眾生中。
如是稱曰證悟增長相，最精進在二十五晝夜，
中品四十九天之最終，二十一天放出諸於上。
不現下品之相生變化，明點之內現微妙佛身，
全身半身金剛像單身，觀時證悟增長而圓滿。
外表光明妙力正增長，在內所見光明等持定，
所講五眼五神通等等，如是憑以證悟廣增上，
無有中陰而證覺受用。

奇呀哉！

第三所見到限度示現，內一切相達到廣增上，
地水火風自我一切現，光明示現在無盡中邊。
毗盧遮那等五方本尊，廣大自性等五方佛母，
五方父母雙雙俱五會㉔，五相壇城生起遍虛空。
如此光明自身相續現，這時彙集坐姿觀姿等，

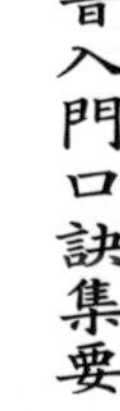

為了無修習中亦無關，憑以不動何時亦可修。
增上講中外表之現量，內身範圍秘密顯現量，
三點第一外表顯現量，所有示現憑以灌頂力。
進入一切了知之色法，動中能力在四大之中，
諸多掛礙不遮隱行走，第二內身而達到限度。
一切相在五方剎土見，五會壇城自心大光明，
只從視窗光明而生起，自己色身內心之阿字。
一切形狀光擴散穿連，自己大光明的敏銳根，
在於自己大光明之上，光身唯現眉間有白毫。
五種光明齊集明顯現，在頂髻上唯智能風息，
向上捧起明點九銅盆，五堆中現五方智慧田。
諸種風入手指中諸指，五光瓔珞密集光明脈，
智自張開光明於自身，毛孔堵塞內中有微塵。
在於各個小範圍之內，剎土沒有窮盡佛無量，
有情無邊示現在顱腔，飲血金剛忿怒聖眾相。
此之形式有寂而無餘，唯有忿怒剎土之照見，
內心寂靜聖眾明顯容，外表生起之一切不同。
明現唯一寂靜文壇城，總持身的盡一切部分，
自性化身去調伏變化，以種種心變化不遍復。
任成八道生起一切相，這時無有盈虧生所言，

第三秘密所見到限量，一切尋思習氣盡遮掩。
唯有法界無垢自性明，其它諸心了知中彙集，
憑以證得六通礙觸[25]遮，中間隔斷到彼岸他境。
所見諸佛無量之剎土，諸法一時了知大智能，
禪定等持無量門之中，授權等等功德超越語。
正是如此到限量功德，即此生中剎土隔斷後，
忽然變化受用圓滿身，此亦成就之完全斷定。
善知識之墮落同部眾，自性大圓滿的四相中，
外道觀日如是之理論，法中瞋恚根本墮中等。
那些進入怖畏不膽怯，捨清淨法入無間地獄，
是法救度善根俱足徒，是諸從隆欽藏所講解，
奇哉慧樂藏中心力生。

奇呀哉！
第四法性盡頭之示現，生起之相略講增上言，
例如到達限度圓滿月[26]，自容清淨悟境融入顏。
猶如月亮隱虧身消逝，明點次第隱沒在其內，
隱後有何真實不成就？稱曰法性終止勝義果。
童子瓶身今世而證得，到達限量潔淨身和智，
內隱之時最初無盈虧，如若此喻下弦天盡日[27]。

月亮行相在小滿顯現，從開始起大盡和小盡，
猶如不離所觀諸現分，月盈上供之時不離開。
月虧小盡之時不離開，自張開處去自己融入，
猶如沉浸之於晶光內，無有月盈滿時無虧時，
此亦外現疾病侵入內，一切法性亦不可思議。
住時法盡而名相假立，從所觀於無相自性中，
如是完盡㉘安立之名言，普遍規則一分之為二，
次第證悟㉙亦是四種相，為了到達彼岸之時盡。
頓時從具法性現前地，所見相後憑以熟練修，
證悟增長相而不生出，此有盡頭往昔善根者㉚。
各個除非是唯有輪迴，如是示現在往昔任成，
融入一切現分內之時，猶如清淨無雲淨虛空。
傾刻在此處光芒燦爛，匯聚微細色法相彩色，
猶如非是示現中行相，第二自性增上我講授。
此亦現於外相盡諸增，內部化身法性盡秘密，
眾尋思心盡一切幻相，輪迴想蘊離去隨念思。
無有蹤跡無有行、住、想，外生寂靜日月相等等，
這是自滅無蹤離去後，如是之法唯名相不得。
稱曰法性盡頭之示現，稱曰色相憂愁而逝去，
這時所住相續等持定，永恆法性狀態不消逝。

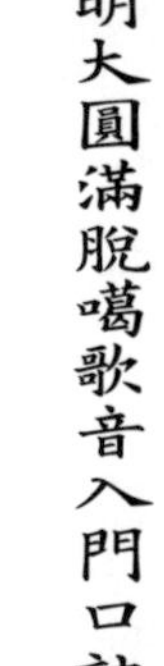

授權五眼及特大神通，三界法王在攝政之中，
稱曰此世授與之權勢，阿賴耶識隱微之障蔽。
用以白綾帷幔而隔離，除非無有障礙之道時，
稱曰法性盡頭勝果位，猶如這時金剛等持定。
憑力隱微知障㉛消除時，一切障礙離後在病中，
潔淨法身之土而證覺，清淨自性之中身和智。
無有愛染昔時大圓滿，或者生起大失誤之土，
外表顯現痊癒身和智，猶如返回晶光內雨水。
此語所講密意定不足，如無許多相違因生起，
猶如罪過承認不合適，如是終時二證得生起。
生入二者傾刻自在得，如若證覺存在證覺中，
利他之事往復無饒益，欲願修行且證得自在。
證得自在生大遷轉身，樹立利他之事無量行，
大遷轉身能樹立規則，盡一切相次第終止時。
在第五手指之光中央，注視了知陳列而示現，
從此示現返回情世間，猶如能取所取水月觀。
猶如自身鏡內色身影，自我顯現智能幻化身，
內外無遮四大唯損害，遠離煩惱能證金剛身。
自身內外無遮而所見，彼目不淨在往昔之時，
唯身除外無遮而不見，此喻教授蓮花生本身。

木赤贊布㉜手握住之時，猶如碰到座上之歷史，
其餘以幻化心不遍復，財富分發各別有六種。
利他之事無量之行持，其它隨欲所願而幻化，
利他之事無量任運成，此世所見進入於色法。
搖曳發出聲響大蓮花，如意藤與珍珠摩尼寶，
進入智慧法的音生起，一切有情行持而成熟。
衣食九欲等等如降雨，安立有情幸福而如意，
第二進入法性證自在，最初清淨界中入口內。
此世利他大行所願中，唯有三幹有情明自性，
即時進入唯一一切時，解脫證得力士羅剎王。
光中散滅在煙霧虛空，猶如散滅潔淨病體內，
唯有剎那不現消逝後，身和智慧所住無合離。
以亦眾多入生世間土，微塵之數而同眾有情，
外境之中剎那不寬敞，利生事業相續不斷行。
如是微塵消散後光明，人生之中證得自在行，
任運成就脫噶唯勝法，憑依唯一徹卻身微塵。
心識法自性中去之後，唯解脫於清淨地故明，
主宰生入流轉之二者，法性終結內入口之下。
證得之況從遍智藏講，如是任成四相究竟後，
諸最精進唯有在這世，稱曰最初清淨之圓覺。

蘊積無餘而之於證覺，因此從共同乘之諸餘，
即此在殊勝之甚深道，相遇之時在精進修持。
憑以精進善根有緣徒，若願證得佛位今召喚，
猶如所劫之中而難得，緣缺及有邪見勿宣示，
常常如意珍寶藏隱秘。

奇呀哉！
第七結行有四種秘訣，首先三不變動處啖食，
身體三種坐姿不變動，能修行持念念之相續。
應該心不動搖而依止，憑以雙目不動三觀姿，
修持內心而非有離合，風息所見不動行緩和。
光明逾是增廣逾穩定，第二以三坐姿而衡量，
恒常依止自性、明二種，穩定之量三坐姿生起。
外相能動風息而終止，信、住、本性明而無來去，
內之蘊積能動風息止，信所住於自身不移動。
秘密尋思能動風息止，所住尋思而不能放逸，
量在這時唯憑夢境取，天資聰穎諸種之精勵。
業和習氣之連結絕斷，即在此時是解脫徵兆。
隱沒夢境相續而不斷，睡眠而生大樂之光明，
平凡一切夢境中做夢，了知中有示現而覺證。

最終惡夢相續而不斷，善品妙賢而純屬做夢，
徵兆唯有三門中生起，四相中三有三十二相。
第一法性現前有三相，以身比喻光亮大銅盆，
猶如放進烏龜不動住，行持不動安穩而所住。
猶如聲啞禁語不願言，猶如諸行以網而所取，
唯有了知舞專注而住，第二印象增上有三相，
猶如身體患病而憂傷，清除骯髒莊嚴離戲論。
猶如言語顛狂漏紕繆，諸凡無有依賴生勝語，
以心比喻七報應毒液，猶如執受了知醉生者。
輪迴所行永恆而不入，第三明到達量有三相，
以身比喻大象在淤泥，猶如陷入以自力拔出。
四大之中亦無有障礙，無有遮隱彼此之行道，
以語比喻瓶腹鬼[33]幼獸，聲調娓娓悅耳唱歌聲。
猶如救度他心不禁動，一切何以答曰入他心，
信的能行眾生中受益，猶如以心生者天花除。
以後而無反復之斷絕，第四法性盡頭有三相，
猶如以身比喻屍林屍，五百合羅鬼圍而不懼。
猶如以語比喻空谷聲[34]其餘到彼岸之隨持誦，
心如虛空煙雲盡消失，剎那自己習氣所堆集，
不現證覺力而緣遍俱。

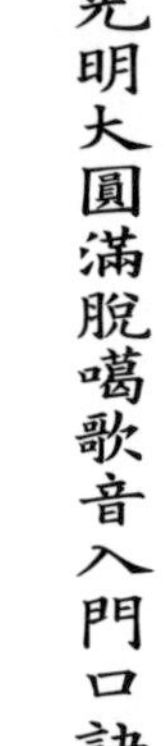

奇呀哉！

第三憑以忍受染病疼，升起出生自在還轉身，
利生事業顯出行持力，其餘隨一所願而變化。
利生事業無量而行持，此世人中積累利他行，
見入此人大不善之業，幾許行持此中而自生。
明智所依唯一之要點，生起自處清淨證覺力，
色法等中如若明進入，憾動法的音聲中積集。
到達境的功德顯出力，證得自主進入內法界，
有漏而不顯出證覺力，風心二者取得自主後。
一切風息功德而生起，此亦有情余諸死而生，
在此進入自己了知後，進入清淨大光明之時。
業中無有善惡之自性，平等證覺力的大勢至[35]，
種種山岩勇往直前者，猶如虛空界中之飛禽。
四大災難隨一亦不入，神通亦不偏私而生起，
唯有送往生的深要中，這義增上自相續不斷。
如若需要唯此勝道中，口似心非修持亦不證，
是諸矯飾精通心不生。

奇呀哉！

第四四種信念定見現，以上二種定見生起明，

另外之覺以故無證悟，佛土功德如若所照見。
正如所願得到佛功德，想而不得信念卻不疑，
以下二種定見自生明，以故執迷之火離證悟。
如若所見六趣有情苦，所願不墮輪迴惡趣處，
墮想不疑之信念定見，總之猶如獅子雪山執。
到達最初解脫處亦離，普賢法身勝土在此世，
是執受時善根俱徒眾。

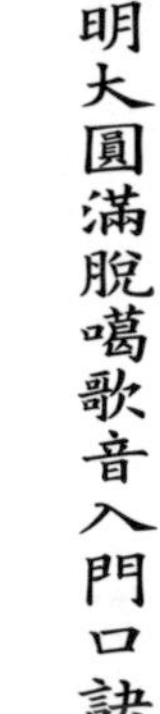

奇呀哉！
任運成就四相是諸態，全部之中後面有十地，
勝義之中圓滿內證果，十六諸地圓滿道次第。
首先以內十圓滿之法，首先依止合格之上師，
以數取趣賜與之講授，勝義法性真實所見時。
在此心生歡喜之初地，極樂國土在此亦證得，
此諸一切自己心放開，心中示現是自己了知。
第二證得潔淨無垢地，從彼在此習慣廣修持，
第三亦能證得發光地，由是在此習慣於光明。
各種示現唯此所見時，第四亦為證得焰慧地，
由是在此智慧相所見，習慣憑以遍煩惱自性。
修後所見廣大之光明，第五亦為證得難勝地[36]，

由是光變成身所見時，第六亦為證得現前地[37]。

由是最為嫺熟到彼岸，所染習氣而永久離去，

第七亦為證得遠行地，由是光明而無有動搖。

第八亦為證得不動地，由是壇城盡一切圓滿，

第九亦為證得善慧地，由是即彼證得智慧相。

智執受相倏然而生起，猶如法雲唯此之所見，

第十亦為證得法雲地，以故外表唯此十證態。

因以義證可代替和合，非是十地菩薩之現出，

第二內證之果而現出，是諸十六圓滿道次第。

法性現前現出增相目，特別增相目的性真實，

唯有證得所見金剛鏈，得相[38]有暇善調而尋得，

印象增上明增勝解來，特別增相可看見明點。

發出之中五團光證得，震顫彌漫種種之生起，

如量明增勝解身純潔，特別增相父母而合一。

證得五會曼陀羅光明，得相五會曼陀羅圓滿，

法性盡一切明增勝解，從光明身以及智慧眼。

特別增相空性無定準，證得不可言狀之得相，

不觀法性一切無成就，如是四相而為十六地。

圓滿之後走向清淨地，稱曰秘密怙主金剛持，

這諸地上根本之所見，唯以光明無淨行之地。

從一現分各自而分開，這是義中所見唯一地，
證得佛薄伽梵金剛持，以因修持之中不需淨。
猶如共同乘中之因果，次第證得每一地姿態，
依照內外密咒生圓滿，猶如精進所行證得地。
在這裡亦淨治無行道，義中自明清淨在一地，
一切乘集地道而圓滿。

奇呀哉！
究竟義的證果之姿態，四相是為二祖師化身，
如量受用身盡頭法身，相所見後復次在內部。
猶如沉入晶光而滲融，三身智能無聚散而住，
復次法身之內而不動，色身二者盡一切調伏。
眾生之義往復而無盡，猶如妙瓶如意藤珍寶，
持久相續不斷之修持，殊勝乘王光明之脫噶。
極為難證之是諸關健，光明大圓滿的瑜伽行，
稱曰修證、六聚自解脫，饒益覺有情而亦復言。
以此心髓之教而饒益，山溝迷寂隱居者充滿，
蓬頭垢面超脫世俗住，如變極喜妙音善知識。
制勝所教之言而增上，眾護教者在於蓮座前，
一切眾生入於妙道門，三身密意疾速而現證。

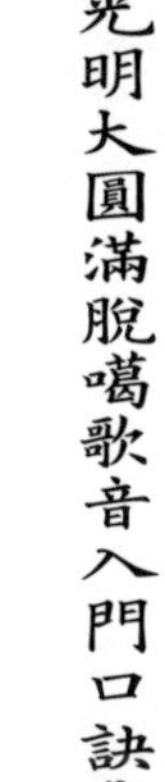

如是稱曰光明大圓滿脫噶歌音入門口訣集要，憑以信、施、戒、財[39]廣有甚深道中，由最為俱足勝解信的諸多徒眾摧請，一切大智七寶藏及深義大海雲堆，大圓滿空行悟境甚深心髓，欽則仁波且[40]的功德藏，大圓滿智慧上師嘉旺俄巴仁波且[41]所撰寫之佐欽仁增言教。是佐欽陽底[42]黑行派[43]的一顆黃金。沃喀仁波且[44]所講授的大圓滿有：《尼紮大圓滿》《大圓滿普賢心髓》《大圓滿普賢心髓菩提藏》《大圓滿阿底深義》及《大圓滿最深晶鏡》中等許多大圓滿脫噶諸傳授口訣主體，由許多具德上師親訓，並由自己僅有的修持心要加以修飾，是為大圓滿瑜伽，避世者六聚自我解脫之詳細著述。

這是由佛讚頌之妙道金剛乘的各方面所教而一切增上於永遠依止及善緣俱足的眾多調伏中，饒益無邊而為示現，薩爾哇瑪噶拉。

注釋

①四相：修習密乘大圓滿道，證得有學乃至無學所有道相；法性現前相、證悟增長相、明智如量相和法遍不可思議相。

②定：即禪定，等持。

③七根本：在密法中指禪定時所觀察安置身體的七種要點。

④詞義藏：隆欽七寶藏之一，十四世紀時，寧瑪派學者隆欽巴所著，

全書以基位本性自有，道位逐一串修，果位元現前證得全部經過，為會道竅訣，共十一品。

⑤授解：講授解脫之法。

⑥三要點：舊密大圓滿超越修習之三要；整飭身體要點，不超離三身之三種坐姿；引導法界要點，不動搖三身之看法；現象外境要點，法界本智不分不離，緩息安住。

⑦風心：指所依附的風息，

⑧諸大：指地、水、火、風、空五大，

⑨嘎底：梵語，多少之義。

⑩水晶管：此處指透明如晶之脈管。

⑪一握屈伸：此句義為指向掌心一屈一伸之動作，

⑫勒格吉：義為修習脫噶時虛空呈現的鏈形明點，

⑬增相：密乘修習隱沒次第中，唯見天空日光映射，一片空明紅霞，別無所有的微細意識景象，

⑭五合聲：歌音七品中的第五聲。

⑮曼陀羅：佛教行者，觀想憑藉佛力加持五欲及飲食品成為無漏智慧甘露以供師、佛、三寶及自身蘊處，支分三座壇場，積集殊勝資糧的儀軌。

⑯五眼：唯佛具有的五種眼，即肉眼、天眼、慧眼、法眼和智眼。

⑰隆欽七寶藏：十四世紀中，寧瑪派大德隆欽饒絳所著七論，即《宗輪藏》、《妙乘藏》、《如意藏》、《口訣藏》、《法界藏》、《本性藏》、《詞義藏》。

⑱四座瑜伽：修觀行的佛教徒於黎明、上午、中午及傍晚四段時間中對生起次第圓滿次第進行相應修持。

⑲猛厲火：梵音澤作旃陀離，密乘圓滿次第根本法之一，集中堅守風脈明點，以使臍中針影（形如刨豎梵文字母短阿，燃起樂暖，功德猛厲燃燒一切不淨蘊界，不淨一切煩惱尋思，迅速生起俱生妙

智）。

⑳死無常：死歿無常。

㉑瓶風：一種風脈修持法。

㉒光起暈：日月周圍現起之光環，

㉓十字形字：形如二金剛杵交叉狀字。

㉔五會：指五會曼陀羅堆，又譯為五方雙身壇城。

㉕觸：六觸中眼耳鼻舌等有對五根所生之觸。例如眼觸，須待有對眼根，色境及眼識三者和合，始生觸覺判斷外境。

㉖圓滿月：藏曆十五日夜間的月輪。

㉗天盡口：指每個月的三十曰，時輪曆每個月都有天盡曰，漢曆則不定，有者為大盡，無者為小盡。

㉘完盡：完全消失無餘。

㉙次第證悟：又曰漸悟，在噶舉派有大手印修習法。先修共同道，灌頂及生圓次第，然後住於根本定中，觀心在生、住、滅三位皆非實有，印證心性。

㉚往昔善根者：前世所修善業今已經成熟而發揮效力者。

㉛知障：即所知障，煩惱習氣及其自果四相分別之錯亂分，能障礙證得一切種智的三輪尋思。

㉜木赤贊布：涅赤贊布和王妃朗木木所生子，吐蕃王朝第二王。

㉝瓶腹鬼：甕形鬼，佛書所說大海中的一種似人的夜叉鬼怪，頭上生有各種動物的頭，肘部，膝蓋和耳輪都長有鬃狀肉絲。

㉞空谷聲：指空谷的迴響。

㉟大勢至：又譯為秘密主金剛手。

㊱難勝地：菩薩十地之第五地，住此地中菩薩，成熟眾生之時，他人顛倒邪行，不能煩亂，於眾生田，及自我心，兩難治者，而善修治，名難勝地。

㊲現前地：順次修習緣起，現前阻斷生死流轉，逆次修習緣起，現前

趨向證大涅盤，故名現前，

㊳得相：隱沒次第中，唯有深夜一片漆黑別無所見的微細意識景象，

㊴財：七聖財之一，守護三門罪行，功德莊嚴，動人心弦，如同龍王之玉女寶，

㊵欽則仁波且：此處指持明無畏洲。

㊶嘉旺俄巴仁波且，此處指五世達賴。

開許脫噶親訓甘露如意瓶道歌

祖師三世諸佛者，原始怙主普賢王，

上師本尊眾空行，恭身頂禮祈加護！

大圓滿的瑜伽行，修者六眾自解脫

初住性相之所言，善根俱足諸眾聽！

精深究竟脫噶中，靜坐修持之要點，

總持妙法處成就，一心山中善傳承，

無有盜匪等災難，順緣易成少懈怠，

近處諸法身善性，凶煞道怨盡消滅。

證果祖師足下懺，證悉地之寂靜處，

雪山海洲山塢路，稠林空谷石洞中，

善地同心處依存，殊勝脫噶修持地，

地方高峻太陽光，清晨升而幕降時。

長壽日水聲和雅，居處樂住無逆緣，

順緣俱足之空谷，雪山頂首大屍林，

石窟等等妙善處，往昔佛陀之功德，

祖師功德妙悉地，憑依深山生教誨。

依止要點幽靜處，空谷妙合而增上，

雪山中所見純淨，山頂首內明示現，

屍林厭惡之出生，十分幽靜之諸處，
心境疾速而增上。

奇呀哉！

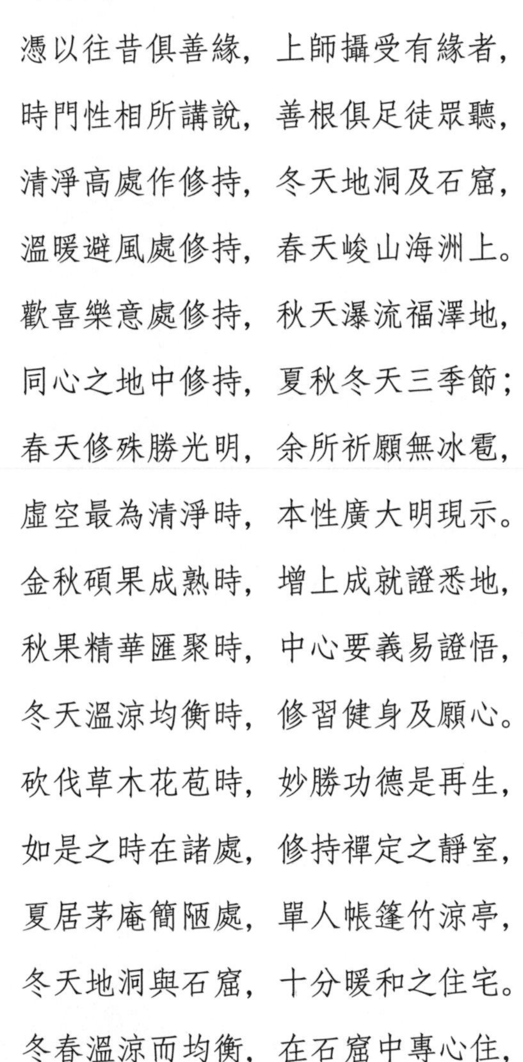

憑以往昔俱善緣，上師攝受有緣者，
時門性相所講說，善根俱足徒眾聽，
清淨高處作修持，冬天地洞及石窟，
溫暖避風處修持，春天峻山海洲上。
歡喜樂意處修持，秋天瀑流福澤地，
同心之地中修持，夏秋冬天三季節；
春天修殊勝光明，余所祈願無冰雹，
虛空最為清淨時，本性廣大明現示。
金秋碩果成熟時，增上成就證悉地，
秋果精華匯聚時，中心要義易證悟，
冬天溫涼均衡時，修習健身及願心。
砍伐草木花苞時，妙勝功德是再生，
如是之時在諸處，修持禪定之靜室，
夏居茅庵簡陋處，單人帳篷竹涼亭，
冬天地洞與石窟，十分暖和之住宅。
冬春溫涼而均衡，在石窟中專心住，

唯無伴侶單修行，通常結界以泥封①，
進入最終甚深道，喜友煩惱少氣力，
親近不離而修持。

奇呀哉！
今亦六聚自解脫，脫噶要點諸親訓，
無隱秘密作教誨，善根俱足徒眾聽，
修習光明之最初，自相金剛薩埵身，
對面虛空暈彩虹，上師普賢相遂生。
諸佛會集心體性，光明四相唯智慧，
疾速生起我祈請，如是一境祈咒力，
上師三處②曼陀羅，五光俱足而閃爍，
此中三明點連結，微妙明點金剛鏈。
佛塔蓮花偃月刀，各種手印種子字，
唯一金剛薩埵身，五部佛父母雙合，
諸靜猛聖眾無量，示現自身在三處。
猶如雪降入海中，隱隱融入身之內，
五色彩虹光俱足，以佛身字種手印，
從彼震動心搖憾，最終根本勝上師，
歡喜從頭頂進入，心口蓮花月輪住。

四相智能自相續，上師疾速心熾燃，
於是三種之坐姿，逐一所修身風息，
精進音聲力猛厲，三次向外而放出，
作此風障心不喜，無明習染動尋思。
胸口種種痛消除，於是流動盡風息，
十或七而遍間隙，風心徐緩而降下，
光明姿態觀要點，冬三個月春一月，
最初四個月象座，坐姿要點而所修。
從春天的平常月，夏天通常一切中，
主要結仙人坐姿，最後夏月秋三月，
主要結獅子坐姿，唯在白晝自在修，
朝暮所結大象姿，夜間所結獅子座。
午後結仙人坐姿，黃昏時亦仙人座，
半夜時結大象座，拂曉時結獅子座，
七支加行每次修，定學一切之坐姿，
以相續三身坐姿，復次其餘身生起。
大部寒氣起變化，靈活順應最吉祥，
殊勝示現速增上，身根本座無拘束，
在自己身脈瓣中，智自修法種種有，
即彼不起臥處起，午後在虛空範圍。

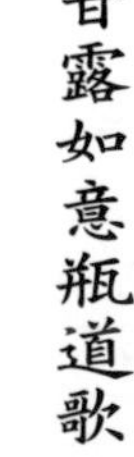

因智能相不生起，唯這坐姿極珍貴，

依照尋常以故住，不能生起智真實，

如若微微之生起，不能增向上中上，

例如化身諸手足，重在於身不現出。

扭擰示現在外表，所修身坐姿要義，

猶如大智能生起，復次音聲生歡喜，

所言要點而修持，諸多貪欲和愛染，

猶如歡喜樂世間，殊勝報身之坐姿。

平常行持中法性，勝義於殊勝善巧，

心中發生大變化，尋思分別心最多，

平常睡眠有歡喜，經常以法身坐姿，

住處法性明示現，平常一定要依止。

身的行持中歡喜，眾生祈請大體力，

自己身材顯粗壯，清除裝飾具歡喜，

而於化身坐姿中，定證覺在尋常處，

身三要點盡放鬆，經絡扭傷要束縛。

因以風息顛倒生，非是極集中精力，

身體要點火倒逆，追尋大寬鬆樂義，

如是所修風顛倒，經絡扭傷失誤除，

所依之風脈樂義，障礙不入之要點。

三種觀姿全部修，以精進不是教化，
身心放鬆自然落，所修這境不搖擺，
太陽光處一肘長，唯一要點觀此處，
所講男子右眼觀，女子卻以左眼觀。
如內明現無所見，雙目要點一同觀，
如若極白觀右方，如若極紅觀左方，
如若極綠觀下方，如若極黃觀上方，
如若極中觀中央，五觀俱足在此目。
此修智能疾速增，境界示現兩眉間，
離後智能空自性，五光俱足千葉蓮，
幅線珍寶瓔絡鏈，五彩佛塔中聚時，
不變根本座觀姿，五彩向上多直立。
雙目向前轉動觀，半月形升向上觀，
正方形升向右觀，圓形升起向左觀，
三角形升向下觀，五彩虛空姿態現，
要點雙目共同觀，疾速去於所修量。
半身前臂看見時，一切生所修要點，
觀之要點不變化，風息猛厲故引發，
幾多修持光明態，經常升起不變化，
唇齒二者無所觸，從口徐徐而升起。

雙目緩緩向上睨，在下境界引導觀，
雙目專注心尋思，而無放逸智空明，
悠悠安立是關健，示現之境唯要點，
在外境空雲消散，明淨分別而安立。
是相增上之疾速，所觀白晝明日光，
如若目中生熱邪，晚間可觀看月光，
故以消病除熱邪，憑依所觀酥油燈，
雙目而冷熱平衡，幾多光明脈晶管。
觀菩薩道姿態樂，所講光明相增上，
復次法身聖坐姿，以受用身觀日光，
憑以化身觀月光，觀酥油燈等所講，
如此境燈明不現，憑以藥及咒力變。
如內之燈明不現，日光之下長一肘，
所觀摸不著虛空，如不現明點燈明，
內中要點不動觀，如若智燈明不現，
風息更要修徐緩，精進能取金剛鏈。
智淨分明而安立，眼前兇惡之變化，
如修觀姿不障目，眼有缺陷報身坐，
如修觀姿眼明亮，憑以法身眼敏銳，
如修觀姿唯此相，刹那疾速而如量。

一切所緣境能依，空性光明因生起，
這如回報所生緣，自身金剛薩埵身，
心修上師普賢王，光明身照遍內外，
一切實有在光身，一切想現身空光。
亦復心向在五光，寂止解脫四十二，
頭顱無量天靈蓋，飲血忿怒③之聖眾，
身體一切內外中，空行勇識之聖眾，
猶如芝麻花苞開，一切所修心充滿。
俱足五彩色光明，猶如鈸明點疾馳，
身體之內外一切，來去往復飄然行，
猶如鈸之思跌碎，躍起返照諸情世，
諸情世彩虹明點，思變情世靜猛身。
亦復自身大智慧，雙目一切盡充滿，
晃晃蕩蕩心波動，亦復心間阿字觀，
從此前方藍色光，自身閃爍心遍復，
於是依次前右背，左邊白黃紅綠色。
觀修光明次第照，從彼阿捨眾明點，
無量照耀於自身，毛孔所控一切斷，
虹光明點密集思，騰起外馳遍情世，
情世虹光明點中，心識熾燃精進俱。

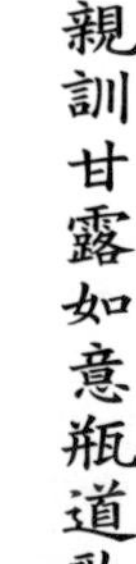

光明生起諸要義，每時微微寶瓶風，

能持光明而修習，總之事業為第一，

白晝之時善引導，夜間昏黑中亦然，

大海小心而注意，黑暗之內眼睜開。

心無所動而觀看，是清淨月之燈明，

所觀彩虹晶石等，光明次第變增上，

此中真實相示現，光明音調與明點，

身和刹土盡生起，喜形於色無拘束。

猶如沉浮不貪著，亦如是修無歧路，

法性險處變執受，甚深妙道大圓滿，

這甚深脫噶親訓，有緣徒眾容激動，

離俗六聚自解脫，無有隱秘所傳授。

憑以善巧大調伏，任成脫噶修持時，

四相疾速到彼岸，一生三身今證得，

佛之密道妙殊勝，是為金剛乘教授，

虛空太陽正升起，一切佛刹土增盛。

如是稱曰《脫噶根本親訓甘露如意瓶道歌》，在善根俱足徒眾激動之顏，遍智七寶藏彙集豐富的大圓滿所授上師親訓等脫噶中，諸種受用而為彙集，論述了大圓滿瑜伽行者，避世隱居而六聚自我解脫之法。是教饒益

有情眾生，轉化無限貪著。薩爾哇瑪噶拉，納瑪希薩曼達巴紮耶。

廣大無邊壇城大海之眾尊者，俱二圓滿法身，在剎土大海，第六金剛持五決定④受用圓滿，在情世大海，眾生應得福報及安樂相好光明完全變化之舞，調伏逐步解脫，惠賜福德，以微細色法大樂輪而作供養；普賢如來，遍主金剛薩埵，五部秘密主，極喜金剛，妙吉祥友，室利僧哈，蓮花生及無垢友等尊者表示密意耳傳⑤，賜加持的雲堆浮動，遍復樂空雙運之智能金剛心。唯從如是一切戲論之相憑以解脫，亦復百尊會勝（大幻化網），幻化靜猛壇城廣大無邊大海，如雨降下，而九乘次第之妙義水藏，六傳承俱足，從恒河之瀦聚光明三部精華恒河母，舊教十行化身之足，沐浴六趣有情眾生。寶座的二障，在一切行持中，憑此至尊上師悲憫，並以自因所生果引導善行本源之善，其必然調伏心思外騖。因此以特別妙端賢淑之窈窕天女的唾液，境中生出薄拘羅花⑥，示現美妙音聲，坐墊斑駁，而為塗香，福德意樂俱足，迴向度日。我如是佈施於密咒身的紅蓮之下，在所言墮落而不調伏的色身部分，從唯有不知足的意樂中，各自到達修持階段，這猶如十方諸佛所教而增上，

請賜今世遍一切有情眾生安樂！善哉！

猶如周匝圍繞，三層火花熾燃，今聞寺院資財，悟境道歌彙集，以自彼無始以來積集之一切罪障，心想熾燃殆盡，並誦咒曰：

唵、阿、吽、舍。唵嘛呢叭咪吽，南無惹納紮雅耶，南無巴噶瓦底，摩訶噶惹尼噶耶、貝咱爾薩惹巴麻達，達塔噶達耶，阿爾哈爹、薩木雅噶布達耶，達雅塔，唵，達日達日，帝利帝利，嘟嚕嘟嚕，厄知哇知，乍拉乍拉，巴乍拉巴乍拉，薩爾哇勒希，薩爾哇噶爾瑪阿哇爾納，醯帝醯帝，皤醯帝皤醯帝，噶噶納娑巴哇，皤醯帝娑訶。

如是在一切修法儀軌中念誦，最後修持空性勝義，善行迴向，把淨除罪業的資財當面燒毀的修法是；把黑芝麻從右鼻孔以風息吸入，把罪障之財放在酥油燈或炭火上，使之熾燃殆盡：

剎那唯從空自性，
智能火堆中央燃，
超出世間金剛心，
色身青藍相怖畏，
雙手執持金剛索，

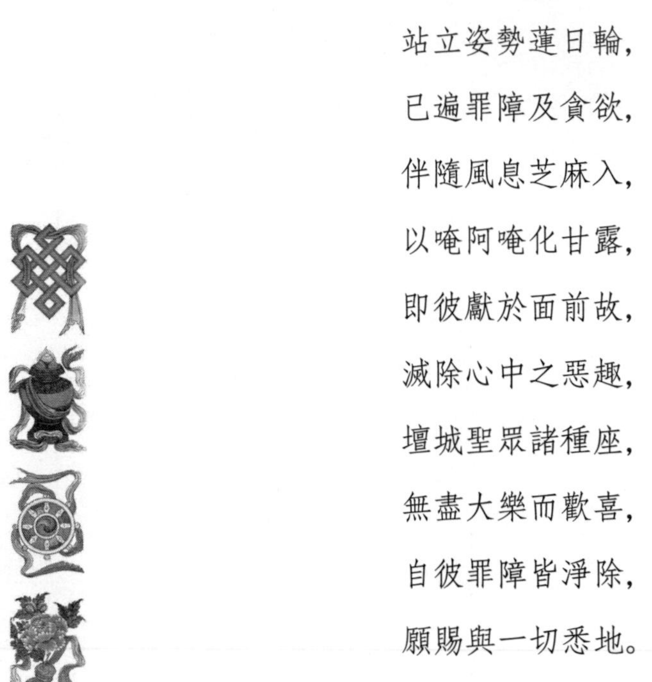

幟識珍寶躚莊嚴，

站立姿勢蓮日輪，

已遍罪障及貪欲，

伴隨風息芝麻入，

以唵阿唵化甘露，

即彼獻於面前故，

滅除心中之惡趣，

壇城聖眾諸種座，

無盡大樂而歡喜，

自彼罪障皆淨除，

願賜與一切悉地。

隨之以大姆指和無名指捏芝麻而供，並誦咒曰：

唵阿吽舍，貝咱爾薩爾巴麻達納，薩爾哇噶爾瑪阿巴爾納拜醯達娑訶。

以上咒語誦七遍或二十一遍至百遍後隨緣和合而供，佛本身光融入所祈，哈呀格格哇納⑦！最後作金剛薩埵無戲論燒施。

芝麻本身法行中，

自彼盡一切緣境，

罪障貪欲盡異熟，

彙集轉化入芝麻。

念誦咒曰：唵阿噶若莫卡（三遍）

自前方火金剛心，

一頭二臂持法鈴，

莊嚴跏趺座而住，

面前罪業供燒施。

咒曰：唵貝咱爾薩埵吽，薩爾哇巴拜達哈納，悉達格惹耶娑訶。以上咒語誦百遍後是諸供圓滿而終，並在供物與功德水之後，出聲誦，「阿吽」二字而作偈言：

類聚⑧法王黑如迦，

極喜金剛鈴所持，

業障⑨除淨威德俱，

頂禮持頌金剛心！

自他盡一切有情，

我執束縛染愛欲，

五毒異熟一切果，

無餘智能火燃盡。

祈諸菩提土潔淨，

面前聖眾自融入，

清淨法界義證悟，

疾速往生佛刹土。

復次從新伏藏意成就菩提心，能依穢跡金剛，以三昧耶誓言除淨冒瀆晦氣⑩：

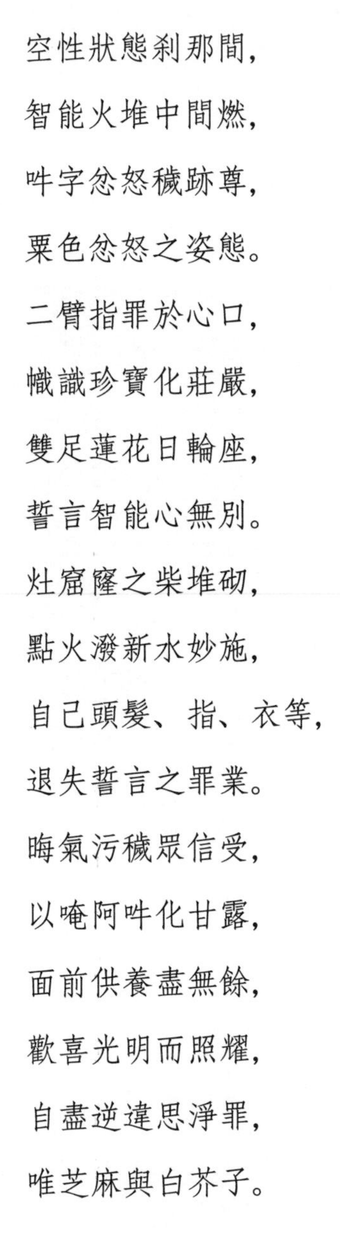

空性狀態剎那間，
智能火堆中間燃，
吽字忿怒穢跡尊，
粟色忿怒之姿態。
二臂指罪於心口，
幟識珍寶化莊嚴，
雙足蓮花日輪座，
誓言智能心無別。
灶窟窿之柴堆砌，
點火潑新水妙施，
自己頭髮、指、衣等，
退失誓言之罪業。
晦氣污穢眾信受，
以唵阿吽化甘露，
面前供養盡無餘，
歡喜光明而照耀，
自盡逆違思淨罪，
唯芝麻與白芥子。

唵.布日格日摩訶巴納耶，布日資布日格拜麻利，烏祖嚓卓達日乍吽拍，薩爾哇巴巴木，薩爾哇噶爾瑪阿哇日巴拉瑪格惹娑訶。

此時密咒亦復增上：

唵.嘛呢達惹捨達阿努巴夏達惹捨達吽拍。

唯有佛光融已身，
以智能火燃罪障，
一切晦氣和污穢，
只此無餘想燃燒。

剎那匯聚之時，在神飲麵食等等一切圓滿之後：

從自殊勝心光照，
污穢食子化乾淨！

唵阿吽！

這時，無論是何所需妙欲之堆，唯有變化，遍滿虛空，自己心間光明照耀，三世諸佛及三界盡一切有情眾生，九次從火中跨越，祈請捨斷罪業過失，復次遣送往大河之中，此是退失三昧耶誓言及晦氣狀態時，平息障礙無餘，轉化到福澤圓滿而為言之。在第八甚深會供瑜伽中，分內外二種：第一以外施會供不耽著諸行，凡是本尊護法於自中，不需另外樂施，僅此而已，或與病痛分離，所作本尊，到達虛空心欲祈願所施食子。

注釋

①結界以泥封：在閉關修習大圓滿無上瑜伽時，在門窗戶孔上用濕泥抹填，

②三處：指修密法時，觀想的三個部位、指頂門、喉部和口。

③飲血忿怒：此處指聖樂金剛。

④五決定：報身所具五種特法：處決定，永住色究竟大密嚴剎土。身決定，相好莊嚴圓滿報身。眷屬決定，唯有聖者菩薩圍繞。法決定，但說大乘教法。時決定，住世乃至輪迴未空。

⑤耳傳：歷代上師輾轉附耳親傳之口訣，

⑥薄拘羅花：傳說此花須美女之唾液噴之才開，

⑦哈呀格絡哇納：此為祈請時的勸請詞，表示語氣。

⑧類聚：總攝一切怙主之義。

⑨業障：此處指五無間罪諸重罪業。

⑩冒瀆晦氣：此處指違越三昧耶誓言所招致之不祥。

大圓滿隆欽甯提初道次第
慧眼上師（智慧上師）導論品

頂禮大圓滿原始怙主道次第導論智慧上師、世尊、無量光佛！

所觀圓滿自性虛空界，法性不可思議，生死涅槃，一切本不具相。唯此勝界與智，一切無別，只有所有現分表示吉祥。原始怙主主宰蓮海，體相不變而刹那無垢，示現三身，法雨如注，微妙之力沐浴自性，在界、根、識的次第，有序無序而降。解脫妙法，甚為稀有的大圓滿乘，在百千萬劫，是迴向盡所有福澤的核心支柱。從此威德，示現先賢化身的譯師和密乘大師，在雪山開示，引經據典而為注釋。執持不朽勝幢，語根顯現中柱，在足指之端，密乘勝義，甚深殊勝而廣大自性圓滿，是唯從遍智伺察意境中，由諸種增益證悟，如是則是無垢光明眼匙①打開的盡所有義，依此摧勵賢劫徒眾之光明藏。

因此，正偏知圓滿的普賢王如來，心法內不動，唯此無其它之果的五佛密意善傳，是深廣之法圓滿的密咒金剛乘所言。融入教、言、口訣三者現出而調伏有情眾生之自性以得證解脫。在這裡，於生起圓滿中，不依心性而在最初佛的自性中示現清淨本性。在智能示現的體性中，示現佛自性脫噶的一切能仁之詞及伺察意，不依現前識而自始講授，用已經涅槃的諸佛遺跡以一切未來佛成就，以一切現在佛同道而到達八乘清淨智之宗輪無觸②最初勝義的普賢如來，教言廣大，悟境自悟圓滿，猶如平攤手掌，示現分明，祈請空行護法聖眾，教授祈請口訣，解脫教言。對眾超度、憾動、宣說三俱。這在首要範圍，二邊隨全的秘密教授以銳根之力，在這生中和合為最初所依之體，在尋常中有，一定成佛。最終在自性化身剎土，棒驅三次第所教，在基本總義中修持前行和正行。

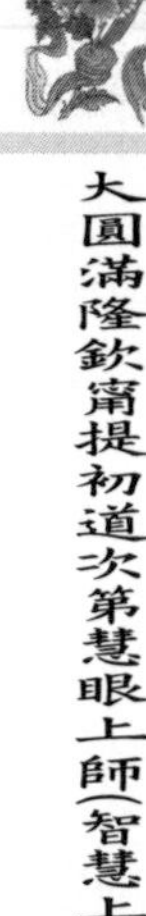

一、前行修習三次第：

修習三身引導，教授四大瑜伽。

修習智慧引導，分辨三門輪迴涅槃。

修習心引導，淨治身、語、意三業之三種修法。

（一）三身引導方面：以自性圓滿之六十四萬篋之殊勝而生音聲，根本應成③相續，以修持三身次第為主，優化地、水、火、風四大，在音聲中修持，定證圓滿悉地，是謂所言四種音聲瑜伽。今世修持，必不可少。

（二）智慧引導方面：從內外二方面修習分辯輪迴與涅槃：

1、如外分辯顯現往昔諸身、語、意中捨斷貪欲愛染，結合往昔行持而修，根本教授相續，身之行、住及種種幻化輪轉而捨，能引支④聚，諸行顯現，念思所現所取六趣色諸行，心識所取以身之行。因從如是宣說及習氣生起之三門行持，自己顛倒執迷邪妄之見亦在表面障阻。在密行中，七根本墮⑤罪，障蔽到達人無有來去之處。對此處的土地神，定施朵瑪食子，絕勿草率，氣量狹小，而積集事業。這在一切有情眾生的勝義中，三門生死涅盤可清除雜染，從童孺輪轉中，不返回意想的生起；色身赤裸、寒熱地獄、餓鬼饑渴、畜生役使、非天爭鬥、天趣墮⑥等，自我相續，驅使受苦。如是盡一切變化，其餘馳驅、跳竄、被拋、肢解、肢聚等等。總之，隨之行持，無有定準，如是之言，應變成雜染分離之因，何云無邪之因？天、龍、夜叉、幹達婆、鳩盤荼⑦遍入等等分別而言。六趣之談，心之念力，以語而言，則象如是種種喧雜之聲而無取捨。心之行持，為一佛子喜無喜樂及苦、常與無常等等，觀禪行心，法與非法等等，貪、瞋、癡及善與非善等等諸種行思。似如是言說三世之念思善與非善，一切行聚匯合，發動猛厲之力而現於三門之中，斷絕我慢之類智⑧體性中而見自性。如是死後，三寶行持，亦為具跏趺坐，所住一處而等引⑨，眉間白毫，放射光芒，圓形僧衣鎮懾，雙目及頸無論何方而視，均增長心地善良，舉止溫雅，而有威儀。此言行持，是智慧藏彙集的要義，伺察意之言及應成的中止自恣⑩。如是忿怒相，絲竹管弦，歌舞嬉戲，讚頌之行，清除喉嚨，呼出吽吽拍拍等身、語、意的種種姿態，而為修持。相續誦持密咒音聲，時隱時現，所言種種，伺察之語，用以如是言說。如此身、語、意三者，遠離雜染。三門前行，往復而修，生死涅盤之相，無論何處，則是三門及身、語、意，盡一切幻化，從而示現生起之力。一次所修，相通而降伏。徒眾之中，辯別分明。於是，十一天至七天精進修習期間，三門貪欲愛染自退，從而斷除貪欲愛染的持續連結，最終色身光明，成熟解脫，清淨語言文字輪，心明解脫等等功德，無不言說，灌頂親證，分明辯析，三界之中，無有邪妄，顛倒及四大不調。

2、從內分辯相續悟境光明密意：如是則頂、喉、心、臍、密處、足心、到達阿（），喔（ཨཱུཿ）知（ཧྲཱི）

蔗（ཏྲི）智（པྲེ）門（དུ）諸處而住，如是習氣色身，唯能成就，能引發六種種子相續形成。從此，往昔所有貪欲愛染，是色身中，無明生起，在未來所取之緣纏繞時，諸界文字根本，在一切風息之中。從此執著，能對此引發，在現在世，修持之法增勝，這是方法眾多而不費力的殊勝法。

如同修持之中，由於死後色身生起無明，毒害六種種子，三身智能示現三身三字種，憑以排除雜染。頂門佛的種子白色阿（ཨཱཿ）字，喉間非天種子綠黃色喔（ཨུ）字，心際人的種子藍灰色知（ནྲི）字，臍間畜生道種子紅色蔗（ཏྲི）字，密處餓鬼道種子灰色智（པྲེ）字，足心地獄道種子栗色門（དུ）字，諸種子字示現而住，能淨一切諸佛不二明智，金剛三自性文字，現於頂門白色唵（ཨོཾ）字，喉間紅色阿（ཨཱཿ）字，心際深藍色吽（ཧཱུྃ）字。三種光明威攝閃爍，以三金剛字念誦之緣而生起光明，如同六種習氣種子俱無真淨思。於諸多三金剛字能淨種子中，每次應誦足十萬遍，總共持誦應滿七十萬遍，使一切威逼恐嚇之相及貪欲力轉化成為無垢清淨，由悟境光明而排除內心雜染，使惑亂之因的輪迴種子而盡除。

（三）在修習心的引導及三門淨罪前行中，又有三

種修持法：

[一]修身淨罪；是修應成修身前行，以種種行，使腸阻閉，應結合金剛跏趺坐以之對治。修身益心，在金剛坐姿中，想在起和坐兩方面之前；二足踵相合，膝蓋伸開，腰伸直，二手指張開，手掌與頂門不觸相交，喉間唵（ༀ）字之道向下屈壓，金剛身青藍色，在三鈷杵如火焰熾燃中修持，此為僧人外表不動金剛坐姿；身如金剛，全身端直，能轉移風息阻塞，腳掌相合，能使陰陽中性，風息受益，自然具有光明智慧心性，到達腳底密處之間，愛染之根受益，二手掌在頂門相合，能淨身體命根，如是遍智之時，摧喚意趣，所稱七淨。上三頂表示自性悲憫，下三端三身表示的腰，是唯一連結清淨及任運成就體相的唯一道相。如是修行為三種所需；所見共同愛染的身被自己的金剛身火焰熾燃而使魔障息滅，使自己的色身愛染及執著離去，變成成就身金剛。這世緣起身中，示現證悟心之義，彙集苦行之緣，決定念、生、受親緣，如若畏懼，便無所依，於貧窮微賤的階層，最易下種。

[二]修語淨罪應成：語之所依吽（ཧཱུྃ）字，融合而微妙修習，徐緩尋求，道中而入，如是之語修持，於心受

益，所言四種：

1、融為一體亦有二種：

（1）外表合一：是在寂靜處跏趺而坐，口誦吽吽吽吽吽咒聲，長久轉化所言一切偽飾標記，外觀大小，一切牢固，然後觀想吽字光明照耀，微閉唇齒。風息、智能、光明三者合為一體、無所外騖。所有光明吽字，清楚閃爍，迷離模糊，聽任而去，一切如量，以此境相自性，是解脫之必要。

（2）內蘊合為一體：以所講吽字，外表的一切吽字再一再二生起，進入色身根門，在內臟生出，內臟血肉俱不可得淨變，所有身內，以吽字聳然之狀如能正治均勻，是風息封閉的關健，這是色身生起自我身體無漏解脫之願。

2、滌蕩經絡⑪亦有二種：其一為淨化外觀，憑以所言猛厲緣境，生起虛空閃電，深藍色吽字疾速有力充滿一切霹靂之境，竟相聚然而生，礙觸⑫山峰，房舍之中，升起所有光明，止息而思，此是了知滅諦的需要。其二修持內蘊妙力，憑以所見一切深藍色吽字，把自己身體內外、邊隅頂端塵染及無孔不入的微塵盡除而淨化心識，此為所講猛厲吽字。修持狃習象徵色身之肉色容

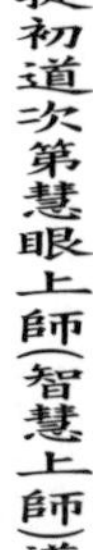

光，猶如童子，如明鏡中顏，生起無自性之感覺，因此體內病魔息滅，在色身光明中解脫而受用。

3、尋求緩和：前方堆集護摩木之所立標誌，口中如是吽吽而念，吽字之鏈連環而扣，從所緣境之根部逐次到達繞線木杆之端。在吽字前端，了知所依豎立之戟，高唱厭勝[13]吽字之調。在護持中，亦了知一一沉沒的壞滅，降伏之後，在心口彙集而休息。如是反復修習，所取內外之道，心識證得極淨功德，可在隨一所緣境中得到轉化。

4、入道：所修唯一吽字，色青藍，長一肘，彼處彎曲形態，猶如昆蟲爬行，而正進入一切門類之道，進入視野之山峰、景色、風光及眼不能見而熟悉的所有之處。賓客尋求之道，行走思維，亦步調一致之吽字依次念誦，若如是，進入此境之習氣則能淨化。進入身、語規律之需在連接中，復次吽吽吽之聲，彙集東方不動佛剎土，在清淨諸資糧田中，猶如眾箭離弦，到達心識壇輪，與潔淨緣起次第連接，能緣慮一切精進所依，尋思阻力，從彼而大，語障淨化，在語受用圓滿身中證得解脫。

[三]修心應成：心始生起之地，中間所住，最終所去

之所，應詳察細審如是三個方面，了知修心之理，是修心的主體，是靜修之法：

（一）應觀察三者中間開始生起之處及人，唯心存在才能顯示內外情器世間，從空等有無之一切方面生起。如若從實有存在的方面而言，由於下墮於論說宗趨⑭聲聞的方面，顯出的執著實有極微塵⑮的少許部分亦為災難而壞滅證悟。如是觀察而尋求無微塵部分內心心所的生起之處便不能找到。猶如夢境在無自性中了知，生起生者了知，猶如生起扁平心及心所的根本供，猶如唯一中間心識無礙而漂流於本性欲求的方向，返觀尋找者之心。憑以所觀，唯一心識須臾顯現而住，最後在欲念中生起各種外騖念力。心性法界，脫離慈憫之處，猶如身在鋪座，仍不見真實明現。另外如若從空的方面說起，堪布所見地勢、顏色、現象及大小局部等等，亦定該存在，此為自性觀察的必要。以如是觀察，現出尋找之地及尋找者的二取無境離依，遠離言說思議，遠離一切允許心性，在經常張口呼氣之身中，才能進入無生無外境離開根的法身勝義心內。中觀應成派⑯認為；不承認我，我唯無過。到達如是頂點，而且到達的狀況，正是目前成就的盡頭。如所持種種我慢，自以為是，而無伺察意

的智慧存留，以自性大圓滿的法性勝義所見，是到達如是自性之談。

（二）應觀察住處及住者，此心若生於外，則為外境，如生於內，則為內身，這些內外、上下、首尾等等所有處觀察若見住處，這在此之形、色作用中而彙集的伺察和根本問題的虛妄長期遮蔽，所以一切內外亦無所見。觀察住者頂上時，唯有阿賴耶識示現光明，生出實相，這在心假相派[17]跟前，此心無因，水土之中，文字記載年代無考，猶如舟沉之時，水才浸入，居處尋找之多，尋找者自然現證空性，斷除二執。居住者離開辯別而抉擇，是進入受用身無礙之勝義。猶如今世播下荊棘之種，從受於三門之上的近取，受觸的一切相及生起而一切存在示現，以行蘊為因，以剎那而生的尋思為緣，在能取境中，所取之心形成，成熟自我之果，饒益能持所持之境，到達法性盡地之語力百次環繞，亦是到達無憂無畏的含義。

（三）觀察去處及去者：在內外情器世間，現空有無等等一切方面，也觀察去處，若尋找不到去處，對果則所持懷疑而厭惡。如若尋求，在去者臉面上彙集之性相[18]，憑應了知而觀察時，因為如是不住，所修之法清

楚而不大相信。如是因無去處，憑以境、相、心而作決定，因無去者，無有得到有境自性的展開，決定此世為明空無來去的幻化之身。如是生、住、去三者在非共同之歸屬方向中，心識坍塌的教授秘訣齊全，是殊勝疾速的成就之道。如是作修心的前行，把尋常心中的罪障淨化而斷除捨離貪欲愛染，分辯生死輪迴，在性相明空智中而證解脫，最終到達與一切諸佛無二無別之意，即是金剛最初依處。

二、修瑜伽定而入妙觀察：

（1）瑜伽定中，首修應成；這時身、語、意的根本，是修瑜伽定，它是殊勝前行中四大不調轉化的關健，是在本來不變的原因中抉譯之因，猶如身的根本好壞去捨，死後屍林中屍一切安穩，因與所解脫之語離去，唯呼吸的來去，緩緩而止，從意、念、察、息成熟解脫，而去之道，則最後在虛空中安住。具足修與無修的瑜伽定中二十一天，七天或至少三天等等，所需悟境光明，如是無論是誰，亦心平靜，四大不調之病及生病的內因外緣一切息滅，只此轉化為能取的自我解脫。

（2）出定：入妙觀察，涅槃之後，唯以聲聞、菩薩、忿怒明王觀姿入妙觀察。以此進入三妙觀後，只有修持中，才能精進變化，如是第一聲聞觀姿，俱毗盧七法，在生、受的尋思中，而入造作世間之人。第二為菩薩觀姿，視軛木許⑲，安立而不觀待。第三為忿怒明王觀姿，伸開力士之步，怒目而視，哈哈聲音，忿怒狂笑，嘿嘿忿怒長歌，所講心性，在虛誑經久遮蔽的清淨梵行中勇猛修習。所需悟境光明，聲聞靜息觀姿使身、語、意三者相應。以菩薩觀姿，唯有變得瑜伽定樂，以忿怒明王觀姿，證得瑜伽定的三功德。在所有古典文字記載中，修毗盧七法，專視各自的眼和鼻尖。菩提心觀姿，靜息而無住等等輕而易舉現出。

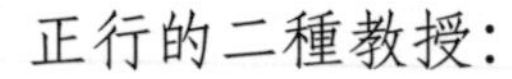

正行的二種教授：

（1）播下四身種子，修持速成妙道，由於能在腑中證得悉地進入灌頂壇城而所修得以成熟之諸行持，唯有此時，才能證得勝義。所教事業，最終無住灌頂等義，續部要義，照見面前，人亦妙善，吉祥如意。

（2）對注釋名相詞義領悟之後，是領悟無上金剛乘所修道果及一切佛道正行之理。在講解果的體性明上，首先是相非實有，猶如所見寺院亦不見三所依一樣，在深明、相空等等一一相關的唯一所言言中，而非停留於依賴觀修。是實有而非本體，見三能依亦性相不定而四

項判斷[20]吧！對八種離戲論[21]，伺察的領悟，事實上無貪之兆而不是無，實有與相二者無有，猶如供境及釋迦牟尼佛像隨一都無所見，盡一切法皆無自性，唯以伺察意能修行於道，在無自性的體相中直接教授而得到真實。在尋常臨終，非是身成就之盡頭，自性大圓滿甚深悟境之見，是實有和相二者體性所依能依之相，猶如依據抉擇而觀修，在無餘意想中，證得自我解脫而顯現真實，以下共分為兩類：

利根修習，沒有超越徹卻的傳授口訣，以大精進修習脫噶，在三身道相中證得解脫，是在無餘堆積中的頓超之法。在利根中，根的殊勝講解為二種形式：

a、共修之法：俱信仰甚深悟境的徒眾，在識隱秘分[22]的諸種之中，已講授完畢。

稀有哉！猶如講授相心通達於心，講解心性空而樂空融為一體，講解空明而心性法界不二。唯彼法身，以相心講解事業，執實[23]自續破除。如是講授能作的心空，外境斷除貪欲習染。講解空明，猶如講解法性，只有在不領悟的要義中而加以引導，此在心髓密意方面不是一致，中間一切現出空隙而自生起。相心瑜伽，一切從心而生，在心性通達中，有一切行。此一切語所敘述，由我隱秘而不言。以上如是而講，無其它心識勝義，世俗而有，假有觀修。修所緣專注之道，猶如雙運之佛經語言，是二者存在而一一相關的雙運之法。在這裡，於最初明空共大圓滿中，復次無雙運因，是憑以各自無偏袒之殊勝住。因此，用一切智慧講解相空，及心性空密訣心髓的密意，而非所知。在一些秘訣中，若已生於輪迴之中，只從下界救度，而非了義抉擇。如是所言，非相心現量。睡眠、昏沉二種均入，常常修無想定㉔，五位無心㉕。從中邊所講之時，不入相心，猶如在昨晚夢境，得到珠寶，快樂受用，是所取快樂和真實。醒悟之時，一切事物，空無所有，念、思及善惡顯現，是因定生起瞬間之緣。現今講授大圓滿教法的殊勝心意，唯在此中，由於諸多堅定信仰，自生所教，快捷方式，獅子吼聲，使一切猛獸恐怖驚絕，大圓滿所講音聲，使一切下乘驚絕。在如是因果了義，在心的無緣及伺察意中，希求大圓滿的諸有情眾生，在仇恨與誹謗的生死流轉中亦以遍智欲求相心，因此，這邪妄尋思的幽暗，應該消除。如是講授秘訣之因之後，唯有清除道中骯髒之物。

b、不共修法：如眼睛全盲、半盲者，亦在現前的直截了當傳授中講解，讓徒了結不動金剛坐姿，紮（ཧ）

字轉動等等傳承祈請，把示現變化之妙音講授至終。嗚呼！你的今世所見中等，論說攝受，於前安放，在此有無及方分無成，現空明察堅固不動，常斷[26]相無成，觀修以此無成心性，不需精進而任運成就。猶如從束縛中解脫而非最初解脫，心無改變的自己明現，尋思不變之智，觀修無沾染的法性，不停止的根本定，不選擇的後得[27]，光明無體性。腹內不失寬容大量，是最初降於原處的密意，一切有情眾生在刹那間未經歷離散而存在，猶如真正了知地、水在自我解脫中存在，以漂流約束，以內執之心為因，外執之境為緣，在無邊輪迴中漂流。唯我因上師喇嘛所見，在刹那間看見罪惡，在教規之上不能篡改偽造。從這一切所有行持，不煥散放逸，凡諸不停修持，原始普賢如來密意之詳盡而燦爛的言教，從六界無常斷心性中，脫離善惡之相，脫離斷取密意。以普賢如來所教；在無取捨的心性中，無私的自我解脫相，是廣泛流傳的密意。以普賢如來所教，在不昏沉的心性中，大平等的密意，是六眾緩和的密意。以普賢如來所教，在無我的心性中，脫離持疑相，是最初安放的深處密意。以普賢如來所教，珍寶堆集，無根本法性，稀有安放而不可得，在來去之見中，不見稀有。在最初

地的大智中，無對治稀有，一切所作業，則往昔過去諸佛，從已之心，其它之法不可得，依據宿業，而不偽造。未經受修習等持尋思，憑以自心無尋思而成就，今世存在及後世降生，憑以無分別同類體性，存在變化。在如此乘的教義中，只有從心的最初體性，即彼存在自我大解脫，所見相識的人中各相經常保持，唯有頓悟之因，從其它之道疾速而生意樂。在盲人中，消除懷疑而解除違緣。如是教理，保持原狀之時，明體性空在意想中，空假立者是心，專注於心，以專注的等持定清淨不廣之法，修獅子微妙圓滿，以修等持禪定而忽視法性義，與內心顯現而起於外境禪定心思方向分離，與離戲法性虛空之邊平等。在清淨所緣境中，所取無有分別，是離四邊的佛自悟。猶如從有無邊超越的法身，在如此空性中，是在此所持的能障邊大解脫中所講的斷捨法。這猶如從有無邊超越的體性存在，在寂靜知意想的狀態中，停留在深處，亦正是如彼之信，纏繞於此處的障礙很大，從大鵬無量精進妙力，猶如瞎鳥尋找虛空之邊而不可得。即此不可得義中，無論是誰也不能偽造，在這無戲論了知中，不可能有終點。如是證悟生起之後，在善非善色身相中增上六根的一切境生起，為此而非所持。為了伺察意乘之空性無遮㉘、非遮㉙、中彙集的心法顯境，以唯一遮斷清淨不遍佈的一切方法而修，以因位如來藏㉚，不知所修，六根中六境顯現，看見苦厄而根遮斷，是故一切不知，一切能行，無此生滅離果。如是則顯現和顯現境僅此無顯出分別心，若謂非是臨近實相氣味等等，例如所見山的瞬間，首先有山之想，生齒之道，禁不住不生齒，瞬間在山的自性中，以伺察心和心所的全部妙力，把山的尋思自滅，無跡而去，此時山的現分中無界、無向、無偏，一發放逸、疏忽、漂流、隔離，顯現身和境的不可信賴，在虛空中均勻，廣大、平等遍佈。如是內法，於我不執外現之境，向彼審視，所有一切白光透明，模糊不清，見、聞、念、觸，受非如昔，這一切自性瘋狂顯現，或如夢境之內，自而失笑，親怨耽著顯現，愛憎情分斷離，晝夜不分，平等一致，擺脫所執，心注所緣，顯現生死輪迴，自生智慧本性而無分別，取捨、絕親、護持、忍辱、任成、精進、非想等持、不可得智。如是經教之後依處，成為智者中妙善而睜無明之目。如是法性，盡一切安放，有四種入胎之法，燈明示現，猶如安放一切山之量，修一切安放海之量，行安放一切相之量，見安放一切果之量，四量瑜伽

㉛俱足，融入了義。如是講授一切安放，意樂分明，所見自然顯現光明之中，為了以心所執精進修持之非入對治疏忽放任，而入無轉。以修習一切放於大海，身跏趺坐，諸如等等，雙目直視，猶如所持六聚顯現，不生出形，大海波濤為不憾動的本性，而入了知，清淨分明，以安放全部受用秘訣。觀修降臨三門之力，護持勝義之智慧自然示現清楚，全無保留，直接傳授，安放一切真實不虛之果。安放五境，自然降落，生起燦爛赤裸，自然顯現於內，束縛五風㉜，中央，外面煙火、陽焰、彩虹，自然現出清淨光明，隨順共同密咒。總之，在本性中，與行為脫離，以障礙束縛三門，如昔任運。平等廣大悟境之法自性，大圓滿要義的大地金剛十二嬉女能行八識清淨之八句頌㉝禪定勝義，從正面了知因果取捨而唯有輪迴三世無有遷轉之道中負載。此五部中，我們之密乘各部大主尊遍智語根，到達此本性之諸大瑜伽中，直接而講授無因果善惡。依據蓮花生、無垢友、德若巴等等上師的積累，我等諸眾，如以此智慧心證悟狃習，始不能達到。本性不懼，從業果微細分支中，與禁忌結合而講。如是所言，返入心中諸多愚癡，以二諦分開而言，成為最初證悟。此況應了知生出的諸多鈍根、無明

進入此處，護持修持光明、煩惱之體性無跡，是脫離根本而去轉動一切處的密意。從諸大智者法性自處解脫的要點；無明尋思一切而生，不能進入這一自性，猶如馬尾挽結，由已解開，無私生起解脫。在明淨中，復次無需以對治教化。猶如心識部㉞及出世空界部㉟，從不專注自然落下之境相心，在臨終口訣部㊱的經歷上反復持誦，即彼修習中，一切能修者，無變無修明任運圓滿。如是無見、無修、無行走之地，以菩薩十地及內外密咒生圓精進，無需修習大乘菩薩十地五道，是唯一智慧體性和合之故。

大光明脫噶之道所言有二種，修持徹卻殊勝法，講殊勝道主體：

a、以一切智承認七種聖法而傳授口訣，由徹卻積累於石岩山洞中的幻象的無垢之境而無作用，脫噶能修五種光明之殊勝明現，此為所講授的最初光明。從唯一徹卻的空明不斷而觀，記住脫噶的根本要點，智慧所見分明，在法性光明打開中，可看見殊勝之況，在徹卻中六根的清淨修持中，在斷除貪戀幻象的美妙追求中，脫噶清淨光明智慧門的風息分明，以內外相通之根，本性和智慧無離集的四燈明的顯現中而受用殊勝。以能依徹卻中粗風脈，障礙和岐路很多，如是能依今後生出的大小之力，無論老少都可觀之，這是簡略而言。以三要點，唯無變化，從唯一束縛，從勝義智慧的風脈所取精進，所修持涅槃道，一切得以終止之後，解開色身光明的殊勝。徹卻如果堆集達不到顯現之量，亦在輪迴中解脫，僅到微塵身而不可能到達光明，若光明不離去，時而的幻身和十遍處[37]積集而究竟相續，不能得眼和神境通大力自性的大還轉金剛身，此為所依利濟事業的大成就者蓮花生法王及藏漢其它大成就者的殊勝觀待。總之，從阿底瑜伽心中秘訣三部，心部自明無邊，法界部離開基位中，二鋪設之坐具無所見明現前，在秘訣三部中，亦不觀中有。這裡，在光明身中，有解脫的要點，從幻象中修道，尋找一切無幻象之果，由這殊勝智的諸智者所證悟。

b、共分為：

脫噶珍貴之總義，
關健在於證佛道，
四相形狀之地界，
結行秘訣而俱足。

1、總義，在上乘要訣中，心和智能二者分明，猶如

打開心的法性，猶如上夫蹣跚而行，猶如風旗瞎雕㊳，一處混同，尋思與俱。猶如脈中之脈，形如麥杆，風息充滿，憑以增長，呼吸能依。從此各個脈瓣分開的五根本門㊴處，生起業和光明作用。在屍林堆積的屍體中間，心的體性智在此生起所持能持妙力。外在聯繫，能駕馭呼吸，智慧是由心肉燈明體相自性三悲憫而存在於名相，稱為本性相燈明。上文所說應成，在心無量珍寶中，體相原始清淨部分，空明匯聚而身伸開，手臉俱足瓶身形態，所住任運成就光團，明現各種悲憫之色。在如是唯有光明升起處，是住於無自性中，因此所入，二現寂區，身以故現前，如是而謂。在能修清淨風心之法中，能依六道以下的其它方法，事業精進俱足之生圓道，唯分辨尋思和尋思的近取隨眠，無序列之狀生起原處而清淨之關健不悟。能依門之要點，能行道果相之法中無明者。因此，捨棄身、語、意的善與非善一切所行九聚㊵修習風心和緩之法，要點是很重要的。悟境光明，內外明事業，是身、語、意九聚。如是猶如屍林之屍，在不移動的狀態下，三門的行為剛剛結束，猶如識別生起智慧之道，與心目相連的脈管，猶如水晶中空管，連接金軀。珍寶大海之脈，潔白柔軟內空，精血無遮蔽。從此

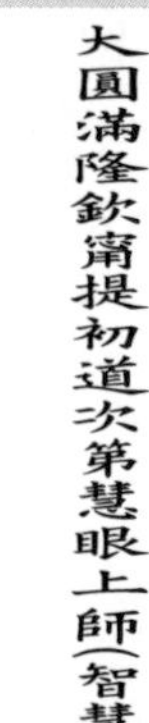

大智之因，在最初身的形成之時，由水的作用形成能生[41]之脈結中的燈明之目，從生起前世雙目而生之目而存在蘊。從燈明目，能明現智慧光明，目中瞳人之中，猶如根以下犄角，由細根和寬尖二部分組成，黑白各半分明，明現水的澄淨自性，稱之遠境水燈明[42]。此亦微細分辯一切智能，光明脈清淨智示現之面，此所依幻象之所見明相，從所依能依兩部分諸種智慧而證悟。如是言說，唯此深慧心髓之續與心目相聯，自生大密乘之脈的許多水晶管。如是密意中十分圓滿，自生戲論，因緣而無生光明之脈。從此緣起，明空燈明猶如孔雀翎生起等等四燈明之自然生起之狀。所觀四種燈明有；明點空燈明，明性燈明，自生智慧燈明，遠境水燈明等，盡一切有情而為所依。遠境水燈明極少存在，僅在山和房屋中堆集諸多，而為顯現，風息微微而生，從勝義中四大及風息等一切智慧風息而成熟四燈明。即彼能依的四相妙力圓滿後，護持盡頭之地，障礙束縛之狀，在詞義寶藏[43]中，亦現脫噶初相。修習之時，應無執著，亦盡淨而明風結合，自處應該到達執受之故，應一切風息潔淨，從明打開的部分增長。復次應到達內部密意難證之處，我等長期以上師恩德而應證。這裡自性大圓滿的殊勝光明，在這些妙吉祥幻化網中彙集的諸多隱語教法中，已離開眼睛有病而顯現的傲慢者。在無所見的自性中，以心假立，盡一切生起由集㊹生出之法則是謬論，猶如月亮本身的盈虧，最初成就，所見自性亦是三身示現的最初成就。如是成就，在今後受用身的功德道中妙力圓滿時，這裡也現前於如量的中旬望月㊺的比喻表示，隱入空中之月，是從法性盡後存在於法身原處的比喻。

2、關健在於證佛道；三門所教要點，應觀三根本光明，以明力灌頂之後而講解明的開始，最終能依的結論：

（1）三個內部區分的第一所依身之要點如無約束，就不約束身體的要點，身體要點如無約束，就不能約束風明二要點，風、明二要點如無約束，光明便不顯現，因此，身的要點是十分重要的。在珍珠蔓中，身的要點有獅子座、象座、仙人座等三種；如是法身坐姿如獅子，姿態傲慢雙足掌連接，能動之風壓下，以身端直，樂風規矩流動，傳於妙頂脖頸，尋思障礙力大。二手指內成圓圈，立於二足掌相觸之中，修彼四大調和，以遍智一切，足掌著地，端坐之左右手掌欲立於地，唯有密意非達到顯現，如是之中，應入外治法㊻。受用身坐姿如

大象臥，膝蓋在胸相觸，增上樂暖，二肘著地，陰陽風息中性均勻，以手掌托住下頜，阻止粗風，足指收回而蜷曲，能平衡沉掉。化身坐姿如仙人，身端直，風脈調和均勻，足掌下降，調伏水力，關節以上端正，流於風心法性，膝胸相合，火風智慧熾燃，唯流動足心引導，壓而分開，尋思永久斷除，猶如手眼相叉會合，遮隱膝蓋，能消除熱症，若從此觸於腋下，能消除寒症，雙肘放於膝上，手指呈圓圈，喉部抬起，能調和寒熱。如是諸坐姿，一切十分拘束，而無彎曲，雙雙放鬆，關健是障礙不入。這些其它現證菩提及不動金剛相的坐姿很多，是相續之連接一切有數的密意，在諸無戲論中，唯此儀軌。如是坐姿，功德殊勝應成，以法身獅子坐姿，能離一切執迷怖畏，金剛之目觀察變化。受用圓滿身的坐姿，憑大象臥姿，受用法性勝義，蓮花眼觀察變化。化身坐姿憑以仙人端坐，法性明相自生變化，法眼觀察變化。

（2）語的要點：唯有所依梵行，安住誦咒，能依此語，相續不斷，就不會尋思散亂、遮制、爭執、綺語等四種所成障蔽，次第而戒斷語。有一些十分固執的貴族，初去無人居住的空谷後，一切固執之語，種生起，

百幹億語，而無指望。若心不欲轉變，與之漸少，唯有最終彙集，法行之言亦止。猶如啞者失音，所修安住風息和緩成為幫助。悟境光明，如是語的要點，由於苦惱，語之緣盡。由是，應當脫離苦惱，擺脫憂愁。

（3）心的要點，修光明悟境，面向心性外的虛空，內燈明示現之相，如是風息，即飛心明中心，面向外空。「阿」字形狀如螺，能動風息十分和緩，內之燈明張開，空明彙集，不修而顯現分明，本性明雙運變化，此言為修悟境光明。如是心的要點方向，生起三身空明。

三要點中，所觀光明是修應成，此是門和境本身及依止風、明的唯一要點。如是與所講分開，其它公開教授，明文敘述。在四要點之三任意抉擇中，生起三要點之語，是為風、明徐緩而俱的智能，是與如是二行等同的三門彙集解釋不相違背的，在此，不依賴其它修法。

<1>能生起門的要點：《本續》而言門的要點，應變化側視。如是法身之中，由自己之目，觀姿向上倒轉，觀頂髻之相，是消除從習氣斜坡下滑的要點。受用身中，以有智能之目，觀的姿勢應當朝側。輪迴涅槃不二混雜的要點，在化身中，因有智能目，觀的姿勢應當

朝下，是到達智能實相的要點。若如是，唯有從門的要點入手而非終結。若見含義之內，接連不斷現示無分別的金剛瓔珞鏈，從大樂清靜之門而現，如是遷轉智慧的殊勝相，從中脈的根本光明生起體性空的方法，從中間的脈管生起悲憫心法等等安立之故，應從日月星辰在一般的二眼脈中識別方位，窄狹始終。但在現今修持中，二門適合，觀寶珠猶如升起的流星一樣明現，若凝目觀日，所觀約不足一肘長之處，是根本要點。門的要點修習的標記，是在根境中能觀多長時間。

<2>現出根本境的要點:安住之緣遠離煩惱束縛，能在高處而妙淨，夏無顯現，冬天很少，春天境中彙集分散和風聚集，諸緣遠離煩惱的虛空，十分清淨初發業者[47]二光明和合，自性現於眉間而遠離煩惱後，上午筋肌舒通，下午在金剛持的關鍵方向中，前面十分美妙，住定於根緣離水燈明，.由悟境光明在三離緣中明現變化，總集一切勝義，觀察盡一切空。

<3>現出風息的要點：名曰風息，動而不定，成為尋思香乘，善逝精華。在憑以轉化執迷欺誑，能否定前因的方法中，是由心髓風息，鼻不呼出，從口內經唇齒間舒緩呼吸之殊勝法。事物本身在風息從鼻孔導入的諸秘

訣中，所淨四輪風力礙過一致生起，從口內直接導入，淨化肺部風息來去方向而不動，融入張開的心間。所淨風息，尋思相續而淨化自處。各輪功德，無須追求亦任運成就。在智慧風息而證得解脫的要點中，此亦是從體力生起的狀態，唯有心識返回而長期安住，是從悟境光明，內外風息舒緩均勻，唯有心在外匯聚，風息來去變化中止，如是在本性明不動的要點中是極為珍貴的。

<4>現出明的要點：如是所講無盡坐姿和觀姿修習中，依止門、境、風息之三要點而修。進入九種修習之後，丟掉包袱，在輪迴中證得解脫之相。在開闢外空悟境光明中，如同專注明融入於有情眾生。光彩朦朧，極為清淨無垢，開始顯現熾燃之狀，猶如顯現五彩光明，五種音調，五色錦緞，開啟封口，內外光明，如是顯現。相續自性在內與外，外在而取無雲晴空，內在清淨自性燈明。往昔內外自性要點，含義達到，而無所見，是所安放最初喇嘛上師之諸佛經教，或者外空純淨無雲，此中辯別，極不合理，虛空之人，關係不成立，燈明丈夫，有無之蹤跡中，能行持之故，此中虛空，誦念迴向，因此生起，稱曰外世間。從此虛空，唯從分明初現部分，非主體之界，公開顯現是在蔚藍色中，為內世

間。如是則從此界顯現而生之相，內外之界，逐一而講，在虹彩光環中，時隱時現，流轉變化，非是猶如內來外往，從此所知生起顯現之內外，因是了知清淨界的燈明中，從一切業風部分所生的明點空燈明，猶如水池之中投石所顯現之環紋，五彩光環，匯聚而現。在此憑以遠境觀姿教化內部所見極為潔純，簡直而無親證受用。此親證受用是自生智能燈明，此境智能，敏銳疾速，詞義之中，生微妙力。從此勝觀㊽所見金剛瓔珞鏈環繞，猶如金線，起伏飄蕩，顯現之中，稱曰智能音調，在體同㊾，中，三異㊿，分辯認識。這一切若不分辯，憑以遍智了知，命名曰自生智能燈明，或者命名曰內法。或命名金剛瓔珞鏈。如是所見心性，金剛瓔珞鏈，是指明自性明點的場所修心的要點，從悟境光明精進能持心法要點金剛瓔珞鏈公開示現，無障礙能依。如是等時，光明顯耀之中，若失去詳細分辯的觀察，在金剛瓔珞鏈實有法中，迷亂的障及岐途纏繞，猶如燈明示現，自己法性以自明現中而修習無執著的清淨律儀。此亦不習慣於生起陽焰浮動、搖擺、跳動等等，以彼觀姿入於修習次第。在內諸界，若干光明美妙是大威力，內明成熟間隙中斷後，所依境緣，去向上師尊者，四相姿態次第增

上，這是以微笑之目所觀在外終止之地而移動，若由智慧目所觀次第的記憶斷除，刹那之間盡而變化，以補特伽羅的殊勝想，無有遍復。然而，此二者所有亦在一些看不見的善根中，不一定生起義理，與此道相之中而無所附會。從溫暖濕潤的唯一因緣，穀穗極早成熟，威猛變化，也是存在之因，由一切量依唯一秘訣，珍惜對境。

<一>進入自己心中所示現智慧大曼陀羅之中，由於開始明的妙力灌頂；

(1) 在山頂或十分舒意現前之相生起時，以圓滿會合之輪及朵瑪食子而為供養，對上師喇嘛供養黃金曼札並作祈禱；「上師大金剛持，因我在輪迴劫內，現祈請金剛薩埵無上密乘明妙力灌頂」。如是祈請三次，一切教授則光明示現，離開遮蔽磨難，消除以上之遮，上師胸間阿（ཨཱཿ）字莊嚴，眼睛不閉而觀，心不外騖，稱曰解音釋義，由教授阿闍黎紮瑪惹[51]，之講授以及諸如等等，加持之終。唯無所思，由上師猛利之「拍」所呼出，音聲不斷。「心謂何」？如是快速所喊三遍。「肺是何物」與專注脫離之經常噓氣的此身之時，可見真實燦然而生，稱曰非現之大現，稱曰法身態中降智慧，從彼入法，是諸徒眾，以仙人座端直而坐，目中顯現無住

安立，自性剎土所入心中。稀有哉！善根俱足徒眾聽，東方示現樂剎土，美妙歡喜如意中，名曰出有壞.世尊.阿閦佛。身深藍，飾以珠寶瓔珞莊嚴，南方吉祥剎土，美妙歡喜如意，名曰出有壞.世尊.寶生佛。身黃色，飾以珠寶瓔珞莊嚴。西方蓮花堆集剎土，美妙歡喜如意，名曰出有壞.世尊.阿彌陀佛。身紅色，飾以珠寶瓔珞莊嚴。北方事業圓滿剎土，美妙歡喜如意，名曰出在壞.世尊.不空成就佛。身綠色，飾以珠寶瓔珞莊嚴，所有一切，大樂智慧無二無別，唯由輪迴塵染，盡一切佛住，各自在佛居處聞法，近侍佛法，自心殊勝光明，唯教密咒；汝等徒眾，在東方剎土，以象座觀姿，以獅躍姿而跳。南方剎土，以獅座觀姿，以猛虎躍姿而跳。西方剎土，以吉祥威德姿勢而觀，以大鵬翱翔姿態飛翔。北方剎土以金剛持觀姿，以紅光電掣姿態而逝。阿阿阿，如是不退轉加封。如是而入明壇城四門，教授上師密意及信仰堅定諸徒會聚之時，在修持自性化身資糧田中，有密咒解脫的殊勝法。從彼而入受用身壇城，金剛跏趺而坐，雙目專注，所飾密嚴剎土，一心不亂而入所作意，上師曰：「嗟呼！善根俱足徒眾請聽，彼等所有在輪迴涅盤彼岸，無餘示現那些自性化身剎土，猶如佛的容光姿態所

飾密嚴剎土，五智能照，十分勻稱，而無變化，名曰：世尊.如來.應供.聲聞.善逝世間解.調禦大夫.最勝諸天人師.正徧知.無量光佛。復次正徧知百千萬無量圍繞，在法性十分清淨中而為受用，汝等在此以象觀姿，獅躍之姿而修。阿阿阿，如是空性，復次而無退轉之加封。復次人法身壇，以獅坐姿，在佛存在證得五眼殊勝緣起中，雙目向上左右直視，明空清晰之智示現。上師曰「嗟呼！善根促足徒眾請聽，從色身二者輪迴涅盤彼岸，轉化二者的計畫，與自性無量無緣而住，徒眾無有疾速步態之因，行者主座隔絕安住，了知明空，樹立根本。修持妙力變化無礙，修持智慧光明道，種種示現，而不固執，心不遍復，「阿阿」如是而講授。此壇城中，得授灌頂之後，無明除淨之處，明智增上，在真實修持中以狃習之諸微妙靈敏之力而中有解脫，從而得以解脫諸上根者之命。

（2）是諸徒眾三門坐姿，觀姿要點順從人意，在大光明脫噶要點說明中：「嗟呼，善根俱足之徒呀，祖達[52]心寶秘藏之管中，從明點智慧種子體相部分空而無我，自性部分光明無礙，悲智妙力，身智無別，猶如瓶內燈明，顯現光彩，從珍寶琉璃之孔生出，示現四燈明自性。因此，如來之身、語、意無盡莊嚴，輪的法性真實而現，是證得明妙力的威德。何以故?明智光明中示現毗盧遮那佛，即彼以無遷轉變化不動金剛光明增上而俱足之珍寶生起，因無量光明而為無量光佛，無尋求而自我圓滿為不空成就佛，五部佛像真實現前，此是智慧法性，為大圓鏡智，光明體相無二無別，為平等性智，生起分別而無間雜，為妙觀察智，無以尋求，任運成就，為成所作智，初空脫離根本，為法界體性智等五智慧自性。體性無有變化遷轉之金剛本尊，功德圓滿，珍寶示現，過失而無遮掩，此蓮花狃習事業，成就無餘事業的是諸類別是一切諸佛行走之跡，是如來的類別。那些光明無垢色白，功德圓滿色紅，非尋而安立色黃，精進圓滿色綠，堅固不動色深藍。依五風息法，光明示現，相續不斷，智慧溫暖，等住[53]，風息，所持生死涅槃之命，是命所持風。是生死涅槃淨濁分明之風，是表示一切均衡外延之風。輪迴之命斷後，能脫離憂苦無梵住劫中業風，依五智慧，從光明法性悟與非悟，分辯生死涅槃而分明之智，證悟增上中等智慧根本示現匯聚之智，是遍復一切能遍之智。光明示現來去俱足，由動而轉移之智。若即彼證悟，從輪迴而可救度，是為救度之智。五

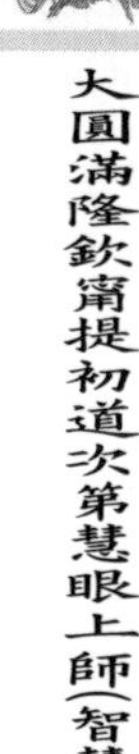

部或六部，藍色之光佛母智之其餘四明中，存在能淨五空行母之像，以所見五部所欲求的諸主宰而依於自性，是成就究竟的法性之法。從悟境光明，自生明的自力，五身五智，五部五光五風息，在五智中彙集而住。總之住於如是諸法性，以心假立相，從風脈所持精進緣起，非是由生起的色空識態伺察意命名之心像，所見最初成就之相，是法性真實不虛的本性。諸佛法界三寶之中，稱為上師本續大海之十實有法。即彼所有中間的盡一切道、果、法所示現之法。從六界佛、法、僧，是住於最初圓滿之自身，如是心性無執是所依之佛，是所講生死涅槃勝義之法，心不動搖之僧，唯非樂欲眾生，瞋恚眾生，愚癡眾生皈依，從自性金剛的皈依不離自性而修行於四相光明之中。如是修行，能示現燈明，猶如最初生死支分，而非生者精進而生，那是壇城本尊、密咒、手印供養，是生起次第和圓滿次第，是覺有情生死涅盤，是灌頂和梵行三昧耶誓言，也是自己的上師。因此，內現明點中極為重要的是不離金剛瓔珞鏈的示現，珍寶雅致莊嚴。如欲所觀一切諸佛之心，須觀金剛瓔珞鏈之身，如欲觀一切諸佛密意，就不離金剛瓔珞鏈，如欲觀一切諸佛經藏及增上智，就觀金剛瓔珞鏈的坐姿，如精通密乘的一切智能，就觀修金剛瓔珞鏈之光，如若觀、修、行三者而不離合，就不渙散金剛瓔珞鏈之身，如若所持一切法的越量宮[54]就須入於自性明的勝義心，如若作為金剛心傳承弟子，就不離金剛瓔珞鏈之身，猶如所言法性明真實義所見，則稱曰原始怙主普賢如來同類。今天汝等得大尋求，得大妙力智慧灌頂，見三千諸佛之像，胎藏宮城相續而滅，是為執受解脫之道。雖如是十地菩薩次第而行，因非是所見示現如來剎土一切功德，從此長期四相功德究竟而精進修持，即到法性盡菩提，如是而生意樂。

在盲人中，衡量修持的兩種情況：

a、修習四分戲論瑜伽，悟境光明，進入善行衡量之法，是修習四分瑜伽。此是在黎明時修上師瑜伽，中間修習徹卻，最後修樂空猛厲火，天亮後至日出之間，念誦日常經文，集中精力，反復念誦，太陽升起後至中午之間觀脫噶，中午作金剛大禮拜及法行之事部，下午亦觀修死歿無常，中間修生起次第及念誦，午夜時分修睡時光明[55]秘密悉地，在盡所有時分，首先發心，修正行空性，最後迴向，發大誓願。稱曰三殊勝和合，除此再無他法。

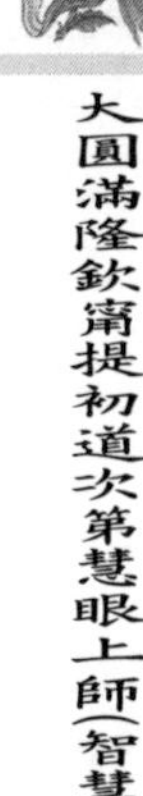

b、修無戲論，能現燈明作用，晝夜和合，正及次第。以如是唯一光明脫噶，是諸梵行和自性中證得熱力之所行處。白晝九次所修，不離坐的姿勢，身及明點之中，實不可言。夜間所修三分支中，傍晚俱仙人坐姿，實不可言，夜間所修三分支中，傍晚俱仙人坐姿，彙集根要，臍中紅蓮，四瓣之端，紅色短阿所觸靈熱，臍火熾燃，從中脈上行，頂上哈（ཧ）字閃爍，明點燃滴，臍火所養，極為熾燃，盡燃業力，習氣而入樂空自性。中夜時分，獅子坐姿，所知瓶中而聚，心間白色阿（ཨཱ༔）字，光芒照耀。從梵淨穴，亦有一白色阿字，此二者之間，從中脈內之白色阿字，猶如水晶之蘺穿連，一一融入之因緣。猶如中脈穴孔，日光對直明現。此修習是睡時光明之管中，隱秘之要點。拂曉起床之後，即時深長呼吸三次，在呼出氣時，盡一切驅出拋向具獅坐姿頂上虛空，唯所有對直方向，從心間阿（ཨཱ༔）字，二白色阿字寂斷，住於波動，能持心性。如是四禪及滅智[56]無尋思生出的分支，五風息處，在修學佛法過程中各自到達的階段，而一切能行持的要點：共分為五層，第五層紅色阿字為火，重迭堆砌，第四層白色阿字為水，第三層綠色阿字為風，第二層黃色阿字為土，最下層藍色阿字為

空，清淨會聚依次第修習，阿字無生，所依之義，如無伺察，猶如歡喜梵住之水，猶如念住風息，猶如念住親眷纏繞，捨斷親眷，自己體性部分俱足能修清淨要點，這是大班智達毗瑪拉彌紮之不共密意。以那些有益行持念誦，亦要日月和合，猶如蜂之行持，諸一切法的嘗試，如同野獸，轉化執迷之緣，斷捨諸境。如同啞人禁語，執迷之語斷捨無餘，如同燕雀，秘密法斷疑，如同瘋子，唯一斷除所依諸境。如同獅子，斷除怖畏心，如同屍林，豬狗之行，斷捨淨分別。如同蜜峰入聞思而探索，苦樂善惡均等。在瑜伽自在行持之中，有七種自續量，由行持觀修中達到功力。

3、講授四相地界，修應成而轉化四相，以法性現前相，超越所持伺察意之語，憑以證悟增長相，使執迷泯滅，中有之智生起。以明如量相，超出三身尋思道相，以法性盡相，相續斷決三界輪迴。如是從能淨淨果四地界中生起般若波羅蜜多乘的五道相同。猶如從道的差別，疾速與緩慢之門，駕馭之車和日月疾速運行的步伐之十分殊勝自性，是無上乘王的四相：

<一>法性現前相，修習如是白天法身之觀日和碧玉，修習夜間受用身之觀月和水晶。白晝修習，能拔濟

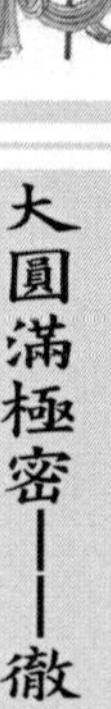

眼睛熱症，能使寒熱均勻。觀內隱化身之所依阿洛噶[57]，在精進道中，能帶往極樂刹土，而在唯一不接觸所觀的憑依中，開始入於修習，以次第引向底層及側邊角落。彼亦大部分白色在右方，大部分紅色在下方，大部分藍色在中央，五種顏色而為俱足，均勻生起，放置原處原位。若不見明點顯現，可雙目一同觀看，是為要點。此時，可見而能持心中如來藏[58]張開相，此如同初升彩虹，明點空燈明，光明和合，生起彙集微小明點的三種連接。在光明隱沒相中，那些間隙，如同陽光純淨的明空相，是不可言喻的殊勝法。所見顯現的智能金剛鏈，其相光如明鏡，從彼本身和唯一自性，彼生相屬中，成就的分支，其稱曰智慧金剛鏈，形成因、名、果、位，亦應了知。這要點若不領悟，在所持法性實有之能蔽中，非世俗而現時清淨的大圓滿宗輪之唯一方向也非了知。因此，能依明的要點後，解脫之相，在細緻而委婉的傳承中，能依明點，在解脫之相曲折的間隙，有雙細微的明點連接。能依風息要點，解脫之相，來去而有。以上不入法界及鑽入明點之圍，入於習慣音調[59]之眾燈明，無須精進而在愈明愈牢固中行走。在三門原狀中有暇樂明無尋思瑜伽，何察之智特別生起，在智慧的三分支中，證得自在。這時，若有道障，自性所化慶慰[60]非是所見外界中示現之唯一最初相，而是內中智慧之目脫離微塵之所見真實的要點。悟境光明，明真實現證，在現證空性的要點中，不退轉於三界輪迴。

<二>證悟增長相，是由悟境光明而得證悟增長相，證悟增長，應珍重分辯。另外，由風心而集生起之樂光無別，彼之許多形態及陽焰中聚集智慧態所能淨之十相，是記憶俱足而不能分開之法。悟境光明，心是講解世俗執迷，如是而進入修行，以勝義心，而非所行處。如是言說，這裡自性大圓滿，是從本續內空性之體會生起，在外示現之智，在內所見法性體相空，此法自性示現之智，在外不變而增長，在內根本純淨光明。在密乘中，脫離無明煩惱，一同所教。何察意中，證得無餘，真實不虛。證悟增長相，如是而言，猶如增長相中，從本續修持感受之相增長，是智慧色現於外，向上立起而幅生，唯種種明點，從粗略示現之境而出輪迴。如是從大光明增相內見眉間分開，生起五光明幅射，向上而起，團團籠罩，猶如佛塔，俱千葉蓮花。猶如宮城樓閣，猶如箭矢矛鋒，瓔珞及半瓔珞，星羅棋佈，等而俱足，行相不定。明點燈明，猶如如許豆子，大略犀角盾

牌，次第增上。見鳥飛翔，機靈敏捷，野獸賓士，夏日納[61]，有暇眾生，蜜蜂在花叢中，盤旋而飛。總之，幾多慣於培植之光明，廣大增上，微微慣於明有暇行持，中品習於安立名言，假用言說。上品狃習之量，能現燈明，一切之現，在明點中，生起而籠罩安住，是上品狃習之量。如是觀一切空界光明相，遍復不動而論議[62]，此亦法界唯一示現明點圈中時，幅射生起前，向上立之下方，正方形之右，半圓形之上，三角形之下，圓形之左，是在觀空儀軌中平等觀的要點。大小狃習障礙離開之量，界限分明，法界之明，眉間分開，從四種智慧和合之相而證解脫，後世不入輪迴，如角隅斷絕相生起，從曼陀羅堆之相而證得解脫，解脫於自性變化。在盡一切現五種光明中，成熟本性，聚合一處，由四蓮瓣所飾生起中，在生起光明的剎那間，最初無中有而得究竟，是傳承之徒的密意。從上升界限四指而離開的善根生者，倘進入輪迴，角隅阻斷一切之相現出，以這變化功德而作修持，所有示現唯所見之境，猶如曼陀羅中。以此理由，從大班智達無垢友所言，無間斷之曼陀羅堆證悟增上相的究竟密意，示現佛像，今後行持則明如量。在大教授上師蓮花生足下，父母和合而相增上部分，盡

頭之中，密意明如量。猶如安置單身證悟增長相，所行亦是我等所見的唯一密意。在悟境光明，身現姿態的增上圓滿中，斷除這中有之相，分辯受用，利濟中有，如是單身現樂相增長，所言必是圓滿之兆，如量之開始亦在勝義所教中。這猶如觀彼岸後退轉回墮，觀退轉後而安放彼岸，單身佛像是遇到此二種感受中，在彼此能依此《成立相屬論》[63]二種教授密意，由大遍智直接分開而唯安置，從諸追隨者勝義之內而不知觀察，及與如是輕慢觀察和忍辱，一切唯幼稚之解脫。猶如在外顯現之光明力增長，在內亦可見光明中禪定之目，由神通彙集而生。

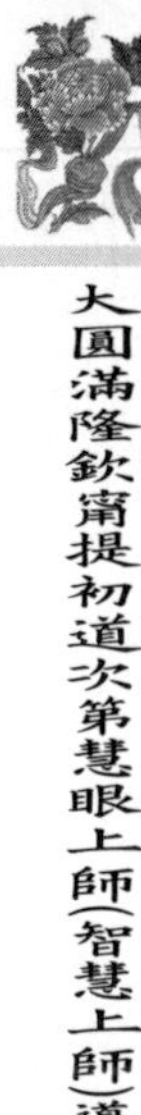

<三>明如量相：一切法性中亦不能分清之妙力形成及生起明鏡之相，在所見本性中存在三身最初圓滿之受用圓滿身的無餘功德，而且在這無餘功德的道相中，妙力圓滿是明如量的目的。唯在現世，我等而悟，在成就的他邊中，如來之界，有身和智能功德，即彼欲求所證得的邊執，生起臉和手的形相。在所求一切相好中，如同果自相續迷失的盜賊，入不明顯有法[64]。奇哉！自性殊勝之乘，唯有佛的密意，是由心不遍復而現，依據教派，由一切等起不悟者，在相的生起之狀，厚顏讚

譽，無能力顯示殊勝之義。正文之中，一切記載如同誹謗、諷刺、縫綴之緣轉化之道，由諸多充滿形相的有法，未觀察形相，卻從二內會合而生。因此，在雪域西藏，於無上密法宏傳之中，唯有在無垢光明的悉地之邊盡處，此必然要了知。如是而言，如量之自性，從轉變明之功德增長部分之力，盡一切示現光明相，善於瞭解五智慧法性而生起於五明曼陀羅中心，從化身的清淨相而生的頂髻俱足中而分明，到達單一身和受用身的智慧量，佛.世尊、不動明王等五部主，從單身及莊嚴圓滿生起本尊陽體與俱之圓滿相，從清淨法身而生起的主尊及侍者的曼陀羅各異的壇城周邊，光明殊勝，身相自我而障，盡一切智亦之進入，所見色法波動及無微塵部分，徑直而聚於山崖石窟所持能持四周寂靜，一切如瘋狂而起，驅散恐怖及怯懦之源，是盡一切清淨相無邊生起之時。遺體火化之後，習慣於圓滿光明之中，自己所見行處；地、水、火、風，四大之相自然隱沒，次第在五色光明中行走，與光明不分。其它所見行處，猶如瘋狂無著，不隱沒於諸山洞中。如是善巧妙力鑽入深處，諸水之中，也不漂流，那些如量自性，總而宣說。內之區分，略有差別，從根本相續的各個身微塵，在虛空光

明之窗顯現，從此光明鐵鉤形色由裝飾品束縛所持相，身體自阻，無遮無垢光明之身。中央阿（ཨཱཿ）字標識，眉間白毫光滿集足夠之量，頂髻風息向上而現，靜身手指，光躔密集，無聲心行持，頭頂越量宮，示現本尊黑如迦，這時亦身如量，如是身如量無餘示現，光明顯現五佛淨土的光明之窗，在自心中，阿（ཨཱཿ）字形相，光彩融入連結成大光明的鋭根，眉間白毫光滿聚示現，頂髻之上，唯有九個智慧風息明點銅盆，顯現五層。此亦為勝義之頂，是頂髻中，以風息向上升起之聲，彙集風息之內。正是如此觀中，成就不明現之法，照耀於名相和隨好，㊿體性，智能風息入於手指，即彼密集五種光明，在光明諸微細脈中，智能之法示現，毛孔及各別微塵，在佛刹土受用身中圓滿，在寂靜金剛界的壇城及顱腔中，從忿怒本尊壇城示現而張開之梵淨穴光明脈而被吸入。以上自身無餘示現飲血金剛化身壇城是靜猛受用圓滿身，生起於道，稱為身如量。如是心如量一切尋思之心意諸識隱沒之後，自然而現清淨無垢法界，其餘匯聚於能分辯好環善惡的六神通，遇障而決斷之彼岸究竟意之處及佛刹土，無量所觀之目，從顯示的清淨心及一切利濟之心，在智慧和禪定等持的無量門中，彙集自在圓滿。總之，身清淨而風脈自然清淨，是諸刹那，彙集與俱。復次概括身心之相現證，負截微細塵垢的部分，從隕星微微流動而生匯聚的二現分所持之時，修行應成而斷決身心相連，是在有漏終止之身，外生性相明現之心，隕星射出之狀，所見現虛空界。身在一切純淨光明中，風息放射火花，唯一不住自明現處，生起二現分之態，以此身心關係切斷後，不退轉入輪迴。這是在盲人中的教授，也是在雪域山中，由此信受能取成就各邊，或唯留下色空之相的幻景。在大圓滿的四相中，亦有外道所稱觀日的義理，進入在法中不怕瞋恚心的根本墮等師友眷屬，由狼和貓的一切部眾，自己歡喜時的輪迴中彙集的色空之相，從相續吸水者之識隱蔽分[66]，遇到智者下方之穴，間或佛身智慧而不滿足，如果邪見[67]聚集於幻身，能作究竟所立，顯現所求勝義雙方，我等因是如來藏淨土的功德色身，一方是幻象而不捨棄。月的自性，猶如月中十五夜的月輪，功德增長的證悟增長相，是妙力圓滿的三身道相，今世之相亦是心法生起於表的唯一身影，而不是性相，在勝義中亦不執持天盡日之月，亦是真實面目的隱沒。藏自張開盡現於外表，所求之要點可見能動風息微微而俱，十分清淨，在盡一切

心法的最初相內，願到達清淨而高貴之處，以爭辯法性意在不遍復的心性中而寂滅，到達諸法盡地，自己成就之邊亦為壞滅。這時，上師喇嘛之秘訣失傳，觀修行持之邊無有，亦無有法身像，身及智慧相續而斷，佛滅眾生滅。總之一切亦無處，無來亦無去，正是如此安置中脈無住密意。<四>法性盡相：是從本續而修習的法性盡相，形相盡後，身盡根境亦盡，從尋思聚於執迷而解脫後，與所講基位詞分開。如是大瑜伽的典籍以下，亦是方便示現的洶湧生起次第無邊莊嚴之本身，復次決定在圓滿次第智慧空性中而彙集。這裡，能依三種要點而增長風息流動之智。在法性中，從清淨威力，在外生處幻象部分及在內而生執迷尋思，心生習氣，自我障蔽，密咒光明的一切相，所有法性，融入不可言傳的本性而盡取名，猶如天盡日之月，亦無所有，相亦入於自己體相，極少之人，亦無所有。猶如隱沒於自己張開的本性內，隱沒入瑩晶光明之內。在盡如是自性中，盡理二者次第而盡，是一切達到四相之量，唯有勝慧不斷相續，唯所見真實之相而入習慣。在增長和如量的次第中，盡無觀待，亦是存在。此生血肉之軀而腐，不出生於怨處，脫離煩惱，念及念處無情而離，杳無蹤跡。形相離

而住及日月顯現，自我隱沒，離無蹤跡。誠如是，則稱曰：「從一切無成就的苦厄中救渡出輪迴」。此時，二種得相顯現如下；站立人生自在得相的大遷轉身，在有情眾生的有效作用中，次第顯現終止之時，專注了知示現五指密集光明，現出自己倒下之後，情器世間之所依能依如同水中之月，如夢如幻，一切有形無實，自身如鏡中之影，盡一切如幻，皆是現分，實無自性，無隱造作，而非真由自己所見，彼目謬誤。如是無所見之法，藏王贊普向大教授蓮花生大師頂禮，所遇蓮師設座傳法之歷史。如是微塵去而光明示現，生入流轉二者之中，唯有證得自在脫噶無上法門，而在徹卻之中，達到身微塵及心法本性後，唯能解脫於淨土，為業滅之故。僅在此時，以心不遍及之事業，直接相續，在六道各處發揮作用，尤其隨順祈願人世間有情眾生三千大幹世界而得解脫，復次證覺於法性童瓶身，是大教授阿闍黎蓮花生大師尊前及無垢法的善知識真實不虛之量。在佛的一些教言中，中有之如是三千有情亦存在此人世間，是與生處中有而不相連。在流轉中證得自在，在此正是如此身形之時，其它偉大勝義如不修，注視之即，可見三千有情之中，由業無善惡的要點證得解脫後，猶如煙雲來到虛空。進入虛空後，以身和智慧無有離合的事業，在無盡輪轉中修利濟之法，融入內自性光明之中而無昏聵，示現光明於外，從任運密嚴刹土，分明生起容光，猶如明鏡，彙集而化為受用身。從身、語、意無盡莊嚴輪的法性，在十地菩薩中五種受用身及凡夫、聲聞、緣覺諸種，殊勝化身之盡一切淨土，彙集形態及出生變化，與各有情眾生之界及人主勝解相稱，以有效的方法而安立生起次第，在行走於密嚴刹土的階梯中而執受微妙口訣。

4、結行口訣：修習悟境光明的結行口訣：以上修習，不離儀軌，如是以三不動三常住識別量，以三證得而固定，以四信念講說解脫量；

<l>修根本續三不動處俱足，到達風心要點，如此坐姿不動而風脈自然緩和，修眼觀姿不動而持示現增長，心無造作不動而本性明雙運。

<2>修習本續，以三常住量來識別邪妄夢境及身、語、意，因如量穩定，身之行持無住而住，輪迴幻惑尋思能住於風息而不增長，尋思動的緣盡，相無波動而住，刹土能如量，生起於這長壽相的三門，以衡量夢境而修二取。

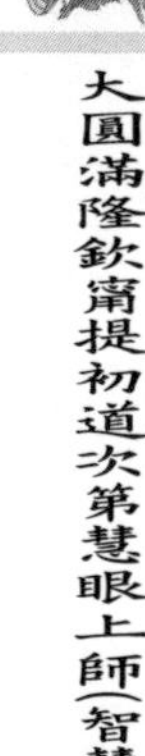

（1）法性現前之時，以寶瓶灌頂而身成熟，入於任運成就之義分支後，有暇的緣起身猶如龜形銅盆，識進入脈內，入於所講清淨處的語調展開，猶如蠢人空談而不精進修持一樣，進入大圓滿無執自我解脫的勝義心，所執意空行網，專注容光而住，在證悟增長時，融入風息之中，進入非善惡的勝義身。猶如遠離體態優美見法膽怯的士夫而憂愁，進入秘密灌頂語業清淨大圓滿破立而出輪迴之勝義語後，猶如狂言亂語，漏洞百出，信口開河，入於心所的尋思集聚心，猶如毒液麻醉七次生者，不入無生自我解脫的念力輪迴的所行。在如量之時，智慧灌頂的妙力正中風脈身體五大無著無遮，猶如大象入泥，不遺餘力而以自力拔出。大圓滿所講生死輪迴勝義，流轉翻譯，在智能灌頂中，從悲憫彙集之緣起，猶如說瓶腹的童謠，入受之後，其它一切所講，入耳受益，於自己方面最初清淨無垢而證最初解脫，復次入於空性勝義心處，猶如已根除天花（痘瘡）的生者，亦復無有退轉之心，後世一定不入輪迴，在法性盡時，從大圓滿生處⑥⑧，以出生死輪迴之義，如從水中冒出清淨身，猶如屍林之屍，閻羅鬼卒，完全圍繞亦唯無怯懼而融入脈處智能字風息網，入於身聞乘主蓮師不可言傳的

教益。所言饒益回聲之相離開之後，而以清淨涅盤，隨之脫離苦厄。由句義灌頂⑲而心清淨，在生者心中，如箭離弦之識，剎那在自動分開的初地明中，猶如籠罩山巔周圍的煙雲，消散而逝，瞬間等覺，廣大之智自己圓滿而生。從自己生起而出生出殊勝相續時，必須認識魔的誘惑。在無怖畏的行持中，如若魔附體時，必須認識智慧進入的方向，如是認識的感受中，因量決定的差別如不分明，從魔和謬阻的險要關口就不能救出，這是本續所講的勝義。總之，障是魔的徵兆。形態增減相，以不動密乘的三相所宣講：

a、鈍根相中，進入所持我慢，行非真心，在一些甚深無涉的種類中，幻化力於種種身，生起種種色，生起身影的鏡中顯像，其它能分辯好壞等等。此時，以黑香⑳，和大小甘露無始無終而洗。除此之外，其能因陳舊塑像的不淨塗抹而至色彩班駁。另外，障蔽本尊的假色，漂流於殊勝淨智的空行世間，種種事業的空行母從虛空中而現色身，能授受等等。共同成就隨而所修，非真實往昔之相，易知變化，心的貪欲，瞋恚及破立自內而生，法具逆緣的有情眾生，自己如是去授受空行母灌頂，從那裡自然生起一切空行母授記，觀姿專注密意。

在無自性的含義中，由根本定變成空行母之根，如是相的成就，隨教而不能欺誑，其它如修忿怒明王，猛利密咒及所念口字道歌，修習發心，從而轉化退轉之心。

b、姿態增減相：從風心集姿態之緣，不定等持剎那而生，虛空中佛像光明密集，如不一定生起，時或入水之中，護摩木夾在十指之第六指中間充滿，身體塗抹旃檀融酥㉛，依賴清涼食品，無生之心中，阿（ཨཱཿ）字直立，清淨道中，恢復變化。

c、不動秘密相：身如柳絮，體態端妙，童顏鶴髮，面無皺紋，華髮相續，身體示現五種手印及色身字種。肌膚潔嫩，頭髮由白變黑，生出新齒等等色身分支潔淨而證得自在。如是語中，以實諦有㉜而言所有，利濟有情眾生，執迷之語，而不生起，了知種種之法，自己顯露。了知各種典故語言，懂六趣語，聞聽聲聞、緣覺、菩薩之語，內外氣息不流動而聚，日久修行，不食人間煙火，等持禪定，日益穩固，達到風息盈滿，過去、未來盡一切尋思，所行次第而止，無量慈悲，自而永世不生無明煩惱。總之，在一切善惡中，亦希求在最終降下破立之心，是無習染的殊勝要義。

（2）由夢境量能取密咒音聲相續最終，一定能轉化智力不全及智力平庸。從如是種種而轉化為銳根精進修持，斷絕與習氣的連結，唯有今世證覺之相，一切從夢境而現光明。在一般夢境中，從了知夢境轉變的習慣決定，在中有證覺，最終在不良習氣的尋常夢境，純屬好夢，是自性幻化而解脫。

(3) 以三證得而固定：在往昔是以三證得而固定，有漏堆積而不現。如是以詞語注釋方面的含義，一再重復出現，若一再無所行持，壽命不斷，在外相中證得自在，五無間俱之識，亦專注所見而來臨。

(4) 四敷具[73]：珍寶堆積，以不動觀的四大敷具，能持智量而不退轉，如是三惡趣苦及其壽量[74]彙集，在聽聞自己最初謬誤無知之始，不可能一定了知苦樂。在惡趣中而無怖畏的敷具，所見之處，首先到者，僅輪迴名亦非存在，不願因果異熟[75]之敷具，這猶如從自性空中證解脫後，唯有樂想涅槃，自相寂滅。不願所得之敷具，唯有聽聞佛土無量功德。自己智慧各異的佛經緯之頂，亦無原由首先而到，顏色華麗平坦潔淨的敷具，送往四種量中，進入脫離憂苦的淨妙宮城，金剛薩埵藏的明鏡續，此涅盤亦有二種，為正等覺和現等覺。在此正等覺是蘊無餘正等覺，在現等覺的生者之中，光、聲、骨、

體，在地動中匯聚而生。如是所言往昔吉贊欽波，公認現證，以後由般若波羅蜜的自在無垢光尊者，在欽普森林的大屍林中修二種光明而住，二種音聲而鳴，修二怖畏相，而生不滅之骨及雙舍利，大地驚恐、震動、騰起，六種地震，發出七次吼聲，疾速示現圓覺廣大相，無不俱足，而為示現，去往初地。

在以上二種義中，一定要分辯一般中有解脫的教言口訣，從應成而分為四種：決定從自性、臨終、法性、輪迴中有地界涅槃；

（一）自性中有：有情世間總量之中，阿賴耶識往昔而入煩惱所生習氣，以後生出習氣之種，由業各異之根而住各種樂、苦、中有中等，引發種種力而存在。如是之力，由唯一根本無明而生出二取之果，隨一各部匯聚組合，現於六趣，在那裡現出，有情各自之身從灌頂而得之水，佛認為是甘露，人認為是水，旁生認為是酒，餓鬼認為是濃血，地獄生者認為是火。所觀不淨之水，亦從外相而無實有，修菩薩行，憑以鋼鐵之地而修，一切火聚而生，此是盡一切能顯現罪惡之心。猶如是言，因此唯從三界莊嚴示現而入自性中有。這裡，我等有情諸眾，障礙五蘊五身之現，以界和處遮蔽親近光明，以業和無明煩惱遮蔽自性空現，行持於現世苦樂，從外延引導，能了知不堪重罪，以從此返入法自性而所知中有增益的解決辦法。例如鳥雀是伶俐之禽，最初在巢棲居，集於人患，敏捷而謹慎。它們成群結隊進入險要之地，而隨時準備遷入外巢，不猶豫而入，唯從現今遷往最高險處附近盡情盤旋，是為無明自在燈明，如是等等，勝義之中，心極聰慧，聞思增益，絕對珍重。此亦今世的種種利濟有情，周濟貧困，顯現苦厄。在詞義珍寶藏中，往昔賢劫，上師喇嘛皆是大成就者降臨，因自己福報和上師悲憫，以全知行要點，極圓滿信解，唯有宿緣，因而解脫。今世福報亦在勤苦之中，因諸多尋思，國民以一戲論而斷，唯從生死輪迴流轉邊際而無破滅，應該通常盡一切聞思，無偏私修持，而到達稱之現世深慧悟境心髓所教之最終勝解地時，最勝密主為一切頂首。大聞思中，除非智能及殊勝緣外，不可能義證，所以入於此乘，應依大聞思，特別是應依教授阿闍黎，絕無岐途。如有岐誤，可以此往來於所教範圍，應珍惜最初廣大聞思。如是在五百眾生中，憑最慈憫，傳授口訣。

（二）臨終中有：日月和合，生命如無常之客，客

無常住。唯有如是生死的自性近在前方而等待光明。在日月和合及諸秘訣文字中，觀察臨終之人並贖回臨死者的命之增上分支諸講，因心中領悟明白，從刹那之道障而證明講解。初降之地界，是由死因之病所苦，內呼吸咕咕作響，在內而斷，在此生此時，如觀時隱時現嬉女明鏡而需與勸導接合。今世上師諸種秘訣，自己不斷修習，死兆及僵死，夜間死等，不能預測。猶如孩童夭亡，在大圓滿的諸種轉變中，是不需教授口訣的，中品的勝境緣卻無妨害，在大路和城街十字路口，猶如不怖畏死的死法。從通常境緣而死，猶如荒山、岩洞、空谷等處，禽獸、獅子聚而出沒，由諸種死而進入身和智慧，進入光明之孔，或進入境和處遷轉往生的口訣二圓滿中，與熟練了別自境的能力和合後，明顯灑播之前為日月和合，身和智慧而入義理，如所見專注，身如獅子臥姿，唯一所見以目專注，只有心中所現之道，自性和明如若不變，此人便不在中有，無疑證覺。如是之義，三種坐姿，依獅臥姿而了知注目，專注目內所見。在清淨自性中，從意樂不攝之心性而捨棄生存行蘊，刹那而證解脫。這裡所講，密道行持，要點甚深，是今世定力俱足的天人壽命。在專注明本性中，我決定死時降臨，

在無戲論之境而脫離憂苦，感到氣息吐於外後，識無依賴而拋棄，這是疾速成就之道。在事部中，進入一切境處的義理，是遷識頗哇和奪舍⑯，之教授口訣。駕馭識風而修，上面所講，亦很珍貴，光明集聚和珍重逸出，以捨捨之聲⑰，向上提識逸出，即於彼時見到上師。如是風息最後回來時，可觀想心中一白色阿（ཨཱཿ）字，光明閃爍，從梵穴向上沖出，遠遠而去，在剎那間，連呼「捨」字，二十一聲，以證解脫。此亦本續經典明確記載，依教而修。現今善巧修習，如要點俱足，在臨終征相（隱沒次第）的決定中，不斷而依菩薩所教之一切氣息離去的義理，脫離憂苦而得解脫。這時，以語言啟發誘導，以最殊勝上師喇嘛或寂滅金剛眷屬的誓言中不例外而言：「喂！善男子，是為現今光明自生智慧實有法，這自性中心真實而入，向上無阻汝證覺，以此心的戲論如不滅，汝之所見，白色「阿」字之相從梵穴如強力之箭射出，在上方有虛空清淨的世界，在此名曰虛空藏如來。在此所觀汝善男子無畏之自性大圓滿處的授權灌頂祈請中，來到法性的基位光明。此世以汝清淨之地，成為證覺。如在此不得解脫，法性中有的一切顯現，自己心中所現而需了知，善逝於自悟無間的清淨

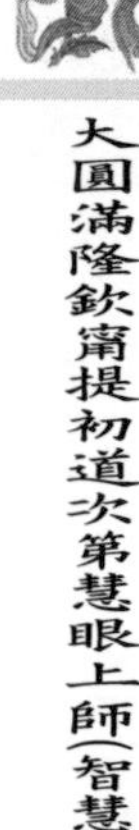

界」，如是三次啟發誘導中自己入定。這是從圓滿自生等聚而無比殊勝，此亦得到口訣而韜略不俱，平常之相一般是;因風脈彙集的作用而在外四大，在內五空，在密五命，所有風息二十餘隱沒形式，由微細自生相續，微妙顯現。這裡通常易證之故而生隱沒之沉是日月和合，地在地中自隱，身沉重無力站起，行走之力盡無。水隱於水時，口水鼻涕浸漏。如是火隱於火，口和鼻孔乾渴，最終體溫失去。如是風隱於風，呼吸短促而呻吟，四肢亂彈跳，目向上斜翻，死兆生起，這裡從眼睛而去後世，如是從內示現，能量勝義之風逸去。身難勝任，身心昏沉，肢體不合難以言表，眼睛翻轉，氣向外吐，生起光彩之風逸去。全身不屈，肌肉疼痛，口鼻氣息味臭，清濁作用之風而逸。不思飲食，四肢無力，與火平衡之風離逸，四體涼冷，體溫已失，光豔神彩之姿，因緣之風離逸，身心紛亂困擾。隨心所欲，微細血管聚於命脈，猶如今世顯現之聚。外之器官能夠回憶，猶如暮色，四合堆集，聚於神識之中，言不由衷。唯如是時，猶如以肺中之風心內臟瞎馬風息攜帶心法的部分中，如是心假有會合、分離，猶如心法隱沒入心間之心不離。風息徐緩無餘，從善惡之道而出，去時不知返回，稱曰

心智背離，是為死亡。此時由壽命相續甚深日月和合之珍寶教授而所幫助；記憶力退失變化的三種顏色及口和鼻孔二者，三匯合後而呼出氣息三節的第一節時，應觀想白色阿（ཨཱཿ）字而呼出，第二節時觀想紅色阿（ཨཱཿ）字，第三節時從空性逸出，盡一切返聚之時，深藍色吽（ཧཱུྃ）字之相及在它的識境中而一同引導，在口訣中，亦因如是吽（ཧཱུྃ）字救度，憑使出之力，渡至彼岸。以目凝視，亦有示現，此之壽命明點空燈明，雙手和合而作是言：「嗟乎！有緣善男子，這是你自己具有的光明，神識脫離身體之時，不能蒙蔽三門，實相中有聲光俱足之相普遍而生，自己心中顯現之相不滅，請認識這個道理吧！現今明光全無遮蔽，這時是體相的離開，這種本性勿變化吧！達到看見示相，領悟教言，如是所言云云。音聲動態，一切生起。如果領悟明現征相，唯諸根敏銳現出，如竹入耳，紙管入唇。善男子，一切勿執著吧！你的血肉之軀已經脫離，實相中有之音聲明光怖畏無益，應了知自相寂滅中二險要之處，若不離相應觀行，極樂剎土放於心中吧！去生起敬信勝解吧！無量壽佛，無疑得見」。如是和雅之語所言，這唯有執受隱沒次第引導，而言極為微妙變化，在那些一切震動之中引

起改變，是為殊勝要點。另外，日月和合，但此人氣息未斷，憑依字種氣息與俱，應無所疑，住而修習。修習如是之法，所見大多數眾生行持相中，從匯聚之門生處一定清醒，從上述向上引導法中，所記氣息來去，神識不離。以上所寫，可觀想在他心中白色阿（ཨཱཿ）字，專注自己頭頂囟門穴位，與他年齡與俱的阿（ཨཱཿ）字悅耳聲中，阿字而不間斷，以順應風息緩緩而退，一再重復持誦阿字，風息咕咕從內發出聲響而斷。在風息不間斷時，所誦阿字二十一聲，起氣突突沖起而來，如有罪業者，亦可渡至善趣，從以上所講種種逸去而向善趣，到達殊勝之處。如是生於地獄之征相，向下無間阻障。風息離去之時，他的神識心中可觀想阿字，在成熟的心性中，所誦阿字之聲，與俱五種光明，充滿欲溢，融入自心熾燃，一定引至殊勝證悟。因他神識存在於自性光明，從實諦有內會合達到殊勝要點而有的乘主法王之殊勝法。這時，坐於佛座，從大臣繞石行走之喻而取名。身諸種血，聚於命根作用，以血滴三次第，最後風息，以長短分別。以三次第，最終風息而斷，隱沒於風息神識後，剎那可見心中昏迷而無知覺，亦是體內風息斷絕之時，從內示現，於是身血匯聚，從命根而血滴出口，

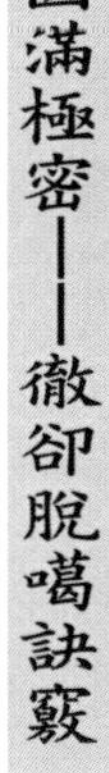

眼鼻歪邪，氣息僅一尺之限，從彼最後二次滴血，頭向下屈，風息僅一矢之長而斷，從彼三次滴血之後，如是打嗝，氣息一肘之長，於是從外氣息而斷，心臟最後停止，從內氣息而斷，是為現出實相中有。

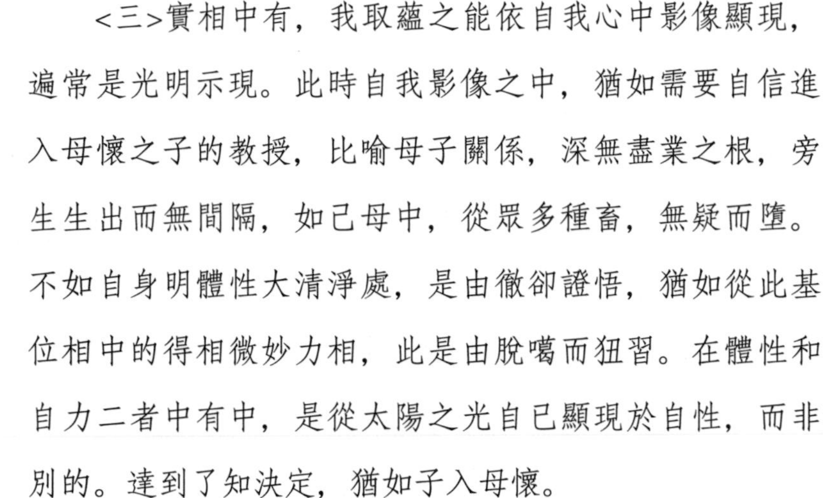

<三>實相中有，我取蘊之能依自我心中影像顯現，遍常是光明示現。此時自我影像之中，猶如需要自信進入母懷之子的教授，比喻母子關係，深無盡業之根，旁生生出而無間隔，如己母中，從眾多種畜，無疑而墮。不如自身明體性大清淨處，是由徹卻證悟，猶如從此基位相中的得相微妙力相，此是由脫噶而狃習。在體性和自力二者中有中，是從太陽之光自已顯現於自性，而非別的。達到了知決定，猶如子入母懷。

在分辯差別的剎那間，中有自性寂滅證覺。在此有這殊勝密道，束縛身體的一切隱沒次第圓滿之後，在身心聯繫斷絕時分，以阿賴耶含藏識，念及無念在虛空中隱沒之名言而隱沒入勝義法界的剎那間，自性光明如秋天虛空之雲，飄然離去。在印度亦無阻礙，任何方向亦不墮落，離開空明障覆，生起辯別。最初實相，真實不虛為之保留，名曰最初解脫大所依處。從迷亂的根源，從六分別而辯別分明的清淨實相內而剎那解脫，這裡以

遍智在甚深義的大海中，隱沒虛空光明時，解脫之地示現，最初刹那，在如是之語後連接，是莊嚴的道理伺察圓滿之口訣，以語教而且彙集的賜與所教修習的燈明而知。總之，詳細彙集的解釋及秘密的解說中等，以六邊四相而現一切束縛，不入本來依賴的所知。這些，結合經教，唯在所見之矢向外射出之中，這是秘訣所傳，從能依義之分支而禁忌許多之語。在此若不解脫，名曰隱沒虛空光明。日月交合，名曰隱沒於諸生者的神識光明。從內外風息的斷絕之諸根分支，實有無相，能想的了知生起，這實體物質身而不顯現。明現光明之身，此時唯量化為所行處，示現五光明壇城。如是之時，不動之相變化退淨，石山、岩窟、稠林，日月與俱之器世間及有情世間之相湮沒。觀所有一切五色綿緞，開啟封口，猶如輕紗遮目，而觀日光，一切示現，幹媚百嬈，種種色澤內外而無寬窄，躍然而相放光。此時，為現今脫噶中的若干示現，生起明伴隨的有暇解脫。在一切不習慣中，唯流星時隱時現，所見隨喜，所取本續，此一切光明顯耀，巧妙而持增相，以如是實相等持而悠閒恬靜，能辯認增相自現。刹那之間，第一確信自相自然寂滅，第二自地[78]解脫，第三解脫之上扼要執受，以後一

切顯現亦無。於是隱沒入光明雙運，日月交合，亦復稱曰隱沒入生者光明雙運。那些身相自現，而身不大不小，均衡莊嚴，顏色、坐姿、坐位、手印各別。如是忿怒本尊相現出時，身在顱內，小如芥子，生命寂滅。中有世間，地域周延廣大，如芥子許，中間均勻，那些頭像不定，以種種兵器幻輪，鞭打錘擊，景象怖畏，唯空雷迴旋，高聲兇猛，瞋恨忿怒，由兵器刺人之光，感覺恐怖，從中分明顯現。此時聲光彌滿，身相駭人。在此所見獅子虛偽無實，終無處所，猶如所見自相，需不膽怯，敷設坐具，通常善行之人，從這還原法口訣，心中意趣，而作是言：「嗟乎！秘密主，現今真實順遂，所作幾多修習而不證覺，未遇教授口訣，畏怖光明，聞音聲而瞋恚，見光明而驚恐。如若真實相遇教授口訣，不能真正領悟聲、光、幅射三者而漂泊輪迴。以此原因，從大瑜伽之盡所有相續不斷的中有幻身、受用身中而示現教法，因非是諸口訣續，如同自性任運成就的現分音聲，這裡隱伏，在生起自相受用身內，是從所執自己表相而不辯識證覺之最聖者。此言六界一切實相中有，本尊之二幻身，等於錯了。如是寂靜雙身相，此身所有，五部雙運，每一部中，光明圍繞，能持父部、菩

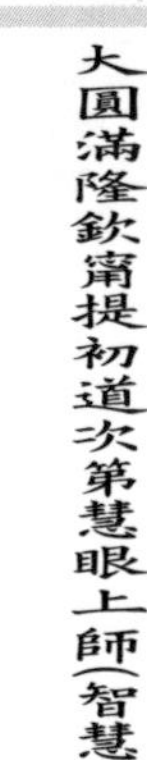

薩部、母部及一切壇城圓滿而住。如是五會父母，壇城之相，猶如次第成熟果的幼苗，在擇定的五晝夜中，如其次第生起之狀；第一天示現毗盧遮那佛等五主尊所住五方壇城，第二天為不動明王，第三天為寶生佛，第四天為阿彌陀佛，第五天為不空成就佛。主尊所住壇城，那裡禪定之日是現今禪定所住若干久暫長短。此時，以三要點而得解脫者，是從宿業在此時自已心間升起極微弱之光，生起而連接此一切身的心口。在此，如若記住自己之識，在無尋思的禪定中住於自性，稱曰進入智慧光明。此一切相極為密集現前，從此心中光明幅射之間，生起無數微小明點，從彼自心生起唯一光明幅射彩鏈，扭結一起，從彼身能感到那些一切隱入自身的生起之相，此稱曰返入智能光明。此時深信諸生者之自相猶如子入母懷之殊勝法而記憶不忘，在此若不堅定，則稱曰雙運智慧四智和合之相，金剛薩埵內心之道，不解釋亦以經典領悟。日月和合，復從自己心間生起極細小光鏈，此者可現於向上穿越頂部虛空，在此以自己之目勿外騖而觀，此相與其它無有間雜，廣大生起，猶如在深藍色的臺階之上，唯有明光俱足，猶如明鏡，又如青金石⑲碗口，翻轉朝下，智能甚深，光澤俱足，照耀十分明亮，彼亦五部五明點莊嚴。復次在此之上，白色臺階之面，明點十分明亮，猶如水晶碗口，翻轉朝下，智能深處，光澤俱足而生。復次在此黃色臺階之上，猶如黃金之碗，碗口朝下，智慧深處，光澤俱而生起。亦復在此之上，紅色臺階上面，猶如紅蓮寶石[80]之碗，而口朝下，智能深處，光澤俱而生起。此之上面圓形之光，十分明亮，猶如孔雀開屏，俱而生起。那些五智慧相，如事業成就智力不圓滿，就不示現，這稱曰四智慧和合之相，稱曰金剛薩埵心中之道。此時，猶如堅固不壞的黃金箸之殊勝儀軌而記憶不忘。如是所言各自示現的前方，明的原狀無散亂保留。例如醫朮精湛的醫生，抽取心積水[81]時，從心臟下方病處刺入，以絲毫不動搖的要訣，把心積水抽出，依醫治見而滿意，是由於不懷疑而證解脫。而且這裡實相功德不究竟，妙力不圓滿，如是四智慧和合的意義如需採取善道之中，因遍智在這仍然清淨中未得解脫，結合實際，安置四和合，一切草率行為存在之相而不留戀，極不合理。如是而言，明現之果圓滿者，是五智慧相，本續密意，意義甚深廣大，稱曰從彼隱沒智慧任運成就。往昔的那些相及上述所見的光明聚合中，聚集了能感到的妙力，猶如上面清淨虛空的

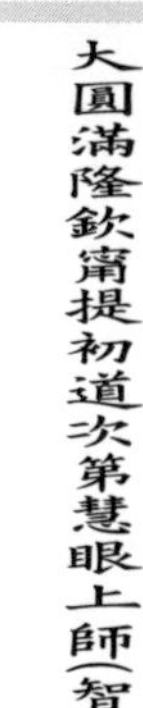

明淨無垢相。在此之下，忿怒受用身之廣大壇城威光密集，再在此之下，寂靜受用身之壇城光明。在方隅中，自性化身的寂靜界莊嚴端妙。在此之下，六種幻惑相，顯現六種能調俱足，猶如自己行相身影生起，稱曰基位不動的基位相。八種生起形式顯現姿態，猶如生起悲憫，入於悲憫之力輪轉，生死涅槃，增長相續不斷，猶如光明升起，現分之內，而為明現，猶如身生，盡一切相亦不能分辯，猶如智慧生起，相不遮蔽，猶如不二生起，神識聚合一處，猶如邊際解脫[82]）生起，性相清淨，猶如不淨生起，生死流轉之源無阻，猶如清淨生起，智慧母子相連，猶如此世之前，適遇額間白點者，自相之中，堅信不疑，以不壞的金箸為喻，開始堅信。另外無散亂能持扼要之處，以力大而無發不返之喻，在所持扼要之處的本性中安置不動，是為解脫。如是所教八種生起形式，亦如各類生死涅槃，應行應止，心識不共而連，所留於不齊全示現的自然六根中，以觀唯一神識不同而入，才領悟其義。從上師仁波且積累的本續，在大體性法界，適宜明示所教之總義中而使無明轉化，任運成就珍寶的八種現分境中，所取諸多相應之法生起，是在失當之中。因此原由，在詞義寶藏中，我等從彼精義要點，如是尋得諸種真實，尋思於如是自然善巧傳授口訣的含義中，今世後有大圓滿法，唯有直向太陽之光，從住、想清淨教法中殊勝意樂。這時，從悟境光明，善根俱足者中，生起真實九智。如是所言伺察之中，唯有任運成就相的妙道大化身，無其它體性。含義所見領悟之後，這裡，猶如通常的五神通和隨念的次第廣注，珍寶金鬘密意，從生法之根，隨念如昔而生，從日月而以天隨念，唯此心中所見非天。諸道隨念，能駕馭中有實相，生處隨念，從諸下根自性化身刹土而證解脫，諸等持隨念，五天禪定而住，上師口訣隨念，自己諸相無二修習，所觀隨念，猶如往昔唯不能拭去的所觸而熟識。在生起次第中，諸種習慣心不隨念而見。在希求與俱，感恩敬信隨念上師的刹那間，面臨教授口訣，從諸種教授口訣而隨念此作用的中有宮城，解脫之故，現今從此珍惜而熟習，以如是六群六神通之根和心，在清淨智中證得自在。智見清淨所見實相顛倒，佛見顛倒，各個清淨，十分清淨，極為清淨，無上清淨等等三十六種。從有㉝乘殊勝所知；這裡日月和合，此善根俱足者中，而顯六種神通，了知往昔生處，了知生死，他心及一切相之隱分，六種存在，所見了知，諸根清淨，現六神通，

總攝要點。如是先聞之法變化，一時生起，無聞之法品類，無量生起，證得不忘陀羅尼，從即彼今世不忘諸陀羅尼，自心而生，往昔諸一切法，心中一時生起，如是前所未聞諸法生起中，稱曰實相中有。由實相心不遍復之態，心之入靜，住於禪定之態和合，在經常的不斷禪定中生起自性，惡尋思永久不生。這時，由根次第中有解脫之量，一定而有。從獅子圓滿妙力，五天遺體火化，從五剎那[84]日月和合，如是則三根最殊勝者，在三剎那而證得解脫，中品之根，五剎那證得解脫，下品之根二十一剎那證得解脫，從自生根差別，在二十一天中，亦有論說。唯有在這剎那禪定的夜雜染，而不分明，所有論說，在語根經典心部，轉化為信受衰損。若由此示現生起了知，在此住、想、境、思的長短，在解脫的剎那作用中，事業圓滿的剎那由此而決定長短。例如，根境清醒，了知自性，依殊勝圓滿力，無論如何，匯聚於往昔生起的任運成就的相內時，八種隱沒形式，一時生起的狀態自然而生，猶如隱沒於大悲心，猶如太陽隱沒之光。如是六種現分不現自己方面，道亂無名，隱沒智中之智猶如子入母懷，如是法性子母和合，智能不二。隱沒入光中之光，猶如彩虹，虛空消散。隱沒入身中之身，猶如瓶身。如是畫相之手，臉不成立而在智慧之內示現含義。隱沒於無二無別，猶如隱沒水中之水，隱沒於邊際解脫之邊際解脫，猶如隱沒於空中之空。如是能隱與所隱融合為一，專注空性無跡，住於涅盤大密意態，隱沒於無垢智之門。在體性清淨中，猶如獅子在雪山執受，如是到達光明生出之處，怖畏與無怖畏之量，隱沒於不淨往復之門及淨智之門，猶如調治馬鞍之索，彙集於單一明點喻義。那些能得解脫的要點，從明空性無間隔的心和口而住於清淨涅槃的自我，是專注究竟解脫之地，應知於始，決擇於始，解脫之始，應依深處，觀彼無邊，觀此亦然。無想所持，亦復自我解脫剎那顯露自我。無伺察是由最初解脫的地上之人培植的根本。如何進入悲憫處，自性隨之不斷，即彼內不遮遣生起之地，一切安置，了知不分內外，一律無遮。所見中有相，色澤純淨後，懂得專注解脫處的要點精華。這三要點訣要，由一切智能上師安置我等應得之份，是佈施於欽普稠林之屍。如是而言，和合之中而大隔離，匯合之中而多纏繞，要點甚深重要。善緣俱足的殊勝諸徒，另外應懂得秘密加封的口訣，用如是教授的手印而加封，而一切難以證悟，這相續的金剛界，由自己尋求，以上

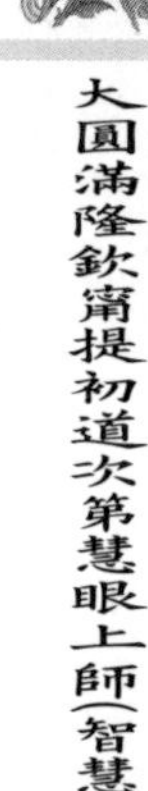

這些多聞而悟，其它所言，不能證悟，所教而不悟。復次自己隱沒，沈入大海，流入江河，復次猶如隱沒入自性。總之，如是任運成就現分，所講隱沒的八種形式中等等。中有階段，盡一切亦為實相自地執受之時，從明和錯誤的根源而證涅盤。自己實相分明示現，各個自明差別分明，在智能所行處而證解脫，其它果生之緣，無餘獲得。由於前方的法性心不遍及，是一切斷定，此稱曰最初大解脫處。從自生起，是一切最初解脫處。如是而言，所談自性。在外明現的智分，如隱晶光之內，入隱沒道法身體性。在自性明現中，無分別心、身二者生起之處，入悲憫心，在一切如來之身、語、意無盡莊嚴的輪轉自性調伏中有幾多水壺，月影即有爾許升起之力，是法界童瓶身的坐姿而修悟境光明，體性空明智身，是自性悲憫平等之一切無別廣大最初之佛。從如是清淨處，不示現化身，從事相任運成就的妙力，生起色身的根本宗輪，由諸所持而應了知；以佛之根亦復從此清淨自處不顯現化身，從身智相破裂，是生命終結之處，變化亦從上面顯現。有情眾生的實有作用，從清淨任運成就的事相生起分明，從道相中能持大遷轉身。在自性變化二道有情自相續的其餘諸義中，從中有變化顯現量，任運成就之門，隨心輪迴相在發揮作用中顯現，在有情夢境發揮能力，從唯自心顯現相，其它面色無益，所知相同，這處是唯一大圓滿的殊勝教派，短暫而難證。

<四>輪迴中有：外在身的輪迴心身的一切根無著流動，內心希求輪迴的許多妄分別而進入心，除非身、心二者聚集於輪轉明王法座及母體子宮二所依之花苞，無掛礙而入，而有所顧忌乎！這裡，印度金剛座是總持賢劫諸佛[85]，共同證覺事業所教的大殊勝處，無疑在剎那之淨與不淨的諸多有情眾生所行處的顯現中，在那裡無論怎樣想，剎那間到達中有變化。在此，因阻礙所破[86]，而何有之?由前世惡業，而無所謂，今世外道[87]和野蠻人[88]聚會一處，而不慚愧的行走。意根有色[89]，於此一切因緣無礙，因此，障礙於有清淨地[90]的最大威力解脫地，滯留於業力生處，這猶如對二所依的認識，願由佛蓮花王解脫。在此，認識通常一切教授上師的金剛座，亦認定印度的金剛座，在這清淨不動中，進入一切佛的清淨殊勝處，進入脫離苦厄之門。在此所欲，母胎不淨輪轉之門，六趣隨一生處，而是所欲求處，非音聲所能了知。復次以此而知，有中有輪迴，即彼山岩，聚

一切生，復次入於無箸之力，山岩之洞，石頭之內，山巔、稠林而為匯聚，亦復有情眾生往來，所見有法⑨¹此亦肉身，根中自我部分而有，與意身相違變化，猶如主觀存在，猶如生起夢境之相，局部之中，盡本無實質，說有實質。如是而言，往昔生於輪迴肉身，盡一切根齊全無著，同類一切天眼所見，此不能扭轉欲界中有，如是與自己同類，或者除非證得天眼之外，其它處亦不能看見。以此這邊有情之處，盡一切類所見，從四種名蘊中，受、想、行，識四者集聚而成意身⑨²。隨風息而動，隨一而不執受自地，猶如鳥翔，隨風飄泊，根識恍惚不定，由昔七隨念變化明現之狀態，想我命終之後，心無定準，苦猝然生，此亦中有幾多之處所需之上一半。昔前身形，若從下半部生出隨一外表之身及面貌和行相，亦是生起上界無色界相而無因時，應了知一切事物空無所有，生起永恆之相。復次進入密乘之門後，因違犯金剛上師當面所設之三昧耶戒，而墮入金剛地獄、無間地獄之中等等。以上捨斷法之業而非無生，向下墮落而無間隔，若以證悟而解脫，舌上拔濟亦無阻礙，因熟練遷轉法，所以隨一生處亦無掛礙。若有中有境界，有情眾生便不能見其它法門，若見其它法門，亦不能信。如若

與三昧耶戒相違，諸無體驗中，因法性中有暫短，而解脫無時間生起，俱有怖畏之輪迴中有往復變化之狀；在四十九天，生死之相逐一而現，極為痛苦，在善力向上升起中，亦是七期⑬大功德之由。一般而言，中有壽命界限最多為四十九天，最短七天。一般作用之威懾中，以彼妙善力，剎那遷轉，由一些業力從此時間之久中有，亦復而言。猶如人壽百歲等時之壽源長短決定而言，在欲界中，非時死的障礙而生，亦是有之。以懾生朮成就⑭，長壽者亦有之。無論如何，此時壽命散滅，猶如狐豎彼足，隨一心思之處，剎那到有神通時，這法門中種種所見中有神識認定之傾刻，所念住於十方化身心田，在彼專注有情眾生美好之願，所持中有平庸習氣而進入法性諦的相續施與之加持，經由外在之力而盡，由彼清淨田中生出而證覺。復次未見這法門之諦，也習慣於大瑜伽幻身。在生死輪迴中，以法眼俱足天趣城，在睡眠和生命終結的光明還滅⑮中復次從增相阿賴耶識而起於唯一心性之夢境心識，盡一切根梵淨意的身成就，入其中間剎那間而作五種現證⑯。第一依怙本尊妙生之狀，立於中有幻身、受用身中，隨念如是之狀，在此自我自由自在，不受拘束而不能自然結合。凡彼生處，不良尋

思，關係斷決之狀，據日月和合，天人白色，餓鬼煙色，猶如地獄折斷之乾枯樹幹，猶如黑色羊毛，雜亂無章。猶如畜生刺血、深炙㊈，猶如非天而降雨雪，即彼始為所觀方向。此時若觀這雪時，天人向上觀，非天、旁生橫向觀，餓鬼地獄向下觀，這些今世所生之根，如是六趣之處今世才生之相，光及影像匯合於相而生。如是而觀，善趣顯現一由旬白光，頭亦向上。不淨惡趣之處，餓鬼中煙火，地獄之中，諸多稠林，或者猶如梳理雜亂黑色羊毛，旁生中刺血、深炙，非天而現雨雪，浪蕩非天及旁生橫向觀，向下而觀地獄，餓鬼最善尋思，亦復所見現前天人之處。如是旁生之中森林、海州、地獄、餓鬼、火光華美等等之狀。總之，欲諸生處，苦樂無色而生，在一切住心之處，苦樂而生，猶如一切生處，心中特別適宜，欲祈增長而到彼岸。以怖畏相，驅使彼等之中現見皈依處，從隱伏之識傾刻而成，是為出生，以有方分可以識別的無五蘊身之緣，猶如希求尋找於身之強烈而小心謹慎，不入惡趣。如是生處的進入，在精湛和公認成就的諸講義中，亦言最初入胎之兆，在此不可言說。進入執受之作相，有天界越量宮，非天光輪，人中美宅等等而現，神識失誤。椐日月和合，相對立者，是水與火，如是寒冷昏聵，神志不明，人群眾集喧嘩，寺院樓閣之頂，所見許多小舍牆垣，眾三途茅屋。所見長久滯留荒原深谷，這些入胎之作相，眾生中欲，完全昏迷，唯此掛礙與俱，如是而現。但是大海雲層之中，如是而講一些前輩以自己文章伴隨，從根本超越而起的證悟中，存在差別，猶如一切伺察的口訣無上乘珍寶中，而不承諾。在其餘說法的一些類別中，勝身洲生出之鴨，拘盧洲魚，牛貨洲象，贍部洲人，男女貪愛情欲之行，極為貪、瞋、嫉妒。戒除之後，而修習滅諦相，從通常灌頂時的體驗，決定修習上師、本尊父母，密灌之義親證受用，智灌而生，樂空之道。若不具如許心力，從菩提藏所講的貪欲愛染中不淨之九想等等心生邪妄的對治憑依而作用於清淨心田，由所行在子宮口被阻礙，從而彙集於東方不動佛土及極樂世界，從蓮花中化生。因不夠精進，而根最終遺留，從智能門、道的要點一切了知。在六界⑱俱足的所依中，從證得悉地殊勝的所依，由贍部洲之其它五殊勝圓滿及自性圓滿的五種福澤而賜與胎中。入胎之況，由天趣城中有之身而在母胎，入胎之狀，首先從不動怙主之身入金剛心而生起，從此身莊嚴壇城，盡一切三門威德，三重勇識⑲從

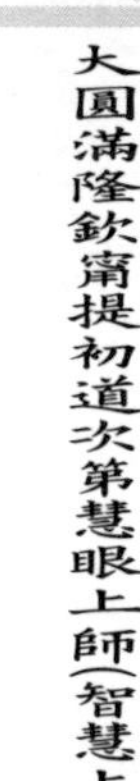

所行明妃妙欲化身而現，白晝顯現生死中有習慣而生出化身瑜伽道。如是抉擇，從現在熟習的機會中結合，以最下品法習氣，相續無我，猶如草地舉火，以泥持物，猶如由空行欲王，所持挖掘地洞之網，不禁形成所持網罾，如是由父母等至[100]，從網罾中有有情所取之根，父母非梵行[101]所顯現之胎，安居骨肉，如蜂聚集，從中有無邊界逸出，於此產出而緣俱足。從母陰道自由自在分娩，此時應清淨祈願：「皈依！希求在子宮口棄惡揚善，證得十八暇滿[102]俱足，無餘珍寶，得見上師，大善知識而隨持解脫」。唯有如是中有，諸自然所言分明，而現由福澤灌頂，心髓之中，所行信受，如若所行，少許增大，亦在外表一切而無顛倒之本性證悟，證得這出生及臨終解脫甚深地，從稀少之智而歎息是諸解脫之願。三總義根最終在自性變化的田中而得解脫，這猶如所辦法見現前光明之門，人生休閒渡過而不精進修持。在道的階段，由上師而無執受，我的口訣，是從唯一另外增勝想的歡喜中，由地道[103]相和增長相之處隨一無有執受。因智慧低下，在傳承大圓滿中，此心亦離開佛及有情眾生，與大圓滿隔離，如是則行持於勝解佛教方向，減少不善之入，轉化為唯夢境善的有緣者。猶如凡彼到達輪迴中有夢境現分時，認定我正在死，於上師處放置信解，即彼隨念，以此所教隨念而變，不能認識法性中有，尋找不到真實力，認定輪迴中有中雜穢無謂之語。現今，作趣於自性化身田，從唯一心想，以法性加持力，在此刹土從蓮花化生之姿，日月和合，隨念生處，最終諸根解脫於自性化身刹土。如是秘密教言，前無所有，此行持容易，卻被阻礙。從現在起，希求所教秘訣的上師，白晝觀想心中影像現前，晚上臨睡時，是我命終，隱沒次第，而所領悟，能去自性化身田，意想之諦猛利而俱，所觀化身由莊嚴功德之態而眠。在一些閉關修行者中，亦在以上所講的識乘風精通者，定需在輪迴和惡趣中，若稍有怖畏，現忠言以告。在那裡，自性化身田的功德，如下文所言；是自我大示現之相續，從這東方世界刹土，名曰化身金剛薩埵。是盡一切如來證得殊勝灌頂之處。在此，有越量宮的無量功德，此亦如下文所言；珍寶水晶而成宮城，四門俱足，宮門牌坊，一切地基，而以珍寶水晶砌成，十分如意壯觀，階梯而有窗樞，四門間隔有四大星宿。太陽升起，珍寶水晶，光芒閃耀，顯現五種光彩，冉冉升起。越量宮外臺階，俱八水流，其中而有，治病之水，人若飲用，能止疾病蔓

延。此臺階中，有八寶池，各池之內，而有種種奇妙雜色之鳥，其音演暢，悅耳動人。如下所言而有金色美妙鳥王、鷗、鶴、鸚鵡、杜鵑、孔雀、共命之鳥、山綠雀等，娓娓動人，鳥語八萬之種。如是如意之鳥，如下文所言：蒼鷲山壅容雅致，戴勝鳥、鈴鳥、喜鵲等等，匯聚金色金剛色身，猶如青藍璁玉，猶如潔白硨磲，紅色珊瑚、綠色寶石等等。如意妙音，不可思議。此外層中，有七寶圍輪山，此諸之中，七寶砌成，法座俱足，在此稱曰化身金剛薩埵。亥時，講世間法，子時講外密，黎明講內密，午時講大圓滿殊勝果法，此亦每天四座修法。在此所依，是諸菩薩，皆是一來菩薩⑩④，得修夠五百五十年。在此刹土，一切飲食，隨心所欲，無有痛苦，旦受諸樂。在此世間，亦有八功德水⑩⑤，飲而除病，以種種花，幻化色身，一切大供分明。無量宮旁，有珍珠磨成的四佛塔，四者之間，而有鑾鈴頸飾之繩連接，此繩微風吹動，生起種種如意音聲。四方而有，種種旗幟之四飛幡，由風吹動，飄逸出種種清香。在此越量宮東方，超過五百由旬以上，而有在此所生諸大菩薩，三十三天，受用與共，東方化身刹土，如是而有。其餘三方向莊嚴、壽量、受用匯聚之殊勝以外，所依能依了

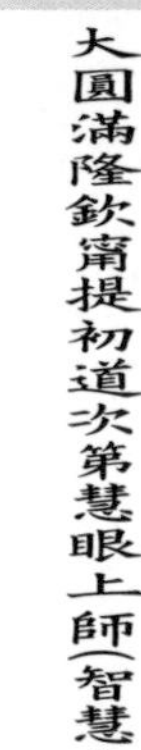

知變化解說其它類別，大莊嚴阿底瑜伽，威德俱足，蓮花堆集，唯此殊勝事業。所有之田，生有珍寶，蓮花而舞，自在音聲，不空成就，除所知障。白、黃、紅、綠之色，鮮明示現。是諸之中，世尊.佛.薄伽梵，色身聖眾忿怒壇城，所住之法自生。剎土前方虛空，而有忿怒化身剎土，名曰火山熾燃大屍林。這猶如越量宮而有，頭骨所壘之舍，而具四角。亦復如是，頭骨骷髏所制之果，死屍堆砌，圍繞楊柳宮[106]而作欄杆，無比高大。霹靂而入，貪欲山坡，洪水傾泄，所做日月根本座，鯨魚口之柱及斗拱，八大神像，梁上懸結，有最殊勝悉地，日間暴風，夜晚火焰熾燃。越量宮四角，屍林張傘，五天女舞，整個大地，貪欲波濤翻騰。越量宮內，名曰：世尊.佛.薄伽梵，童子勇猛力士。心靜不動，現岔怒身，空行母及忿怒本尊，聖眾無量，周匝圍繞。亦復如是，空行母眾，聲聞微妙，梵天螺喉，仙人月光童子。復次眷屬空行母厄嘎嚓底[107]六兄弟，十四女僕從，五十八僕婦，又有侍從眷屬，千百億萬之眾。空行母無量眷屬圍繞，此從世尊.佛.薄伽梵之心變化之眷屬，金剛手等，忿怒壇城，不可思議圍繞，極喜金剛等等。人眷無量環繞眾眷屬中，周圍無上密乘果之法輪圍繞，從而寂靜化身菩薩聖眾能作解脫，一切怒容，示現與俱。此越量宮極為寬廣，猶如解脫大安息五剎土，從世尊金剛持的威德而在自性莊嚴之地，稱曰自性化身剎土。由於唯有從善根俱足者顯現，是在此界離開實體的外延神識中，猶如明鏡中匯聚，四智能自現之處，猶如任運成就寶門受用身方向，猶如唯有從最初道的示現而存在的自性，於顯現生起中彙集，唯以名稱尋思之一些共同處，猶如一些方向在於某處而不顧。從由旬的真實所言，在相違想中，從那些三界剎土法性，超出遙遠之距，此語而言，非是依照音聲，而如入於忿怒壇城之上。在顱腔中，從忿怒本尊聖眾最初進入的相分而生起，此亦如是總持自性而以音聲為所依的自性化身，唯此已數的自性一分為二，含義大增。往昔之相，密行種子相續，在體性中，生起體性身，例如自我和影像、面容。猶如果的受用身姿態，猶如法性受用身明鏡中生起之像，此為顯現於一切有情眾生的中有之道。調伏之實有義中作用之相，在半化身，受用身的安立中，外表寂靜而到達彼岸的第十一地——普光地之相，此道的諸菩薩聖眾，在聞佛的開示中，所知障從障礙之身而無所見，身無所見中，所知障盡，是所願證覺之因。由成就之邊諸種所持，是所

知事業之唯一存在處。現在，在我自己的善法堂中，大圓滿教相，能作唯有日光顯現解釋，只此三身任運成就果報之地，在善巧和合之偈頌所教執受中，自性的口述如有所願到達究竟盡頭的有智慧者，如來善巧開示的一切處精義妙語，不共法等等，由所講密意不可思議功德，使一切具足無餘而賜加持的教誨無可辯駁。一時在西藏地區，如大乘師[108]龍樹的理論，具有改救[109]的雙重功德，達到注釋大海的頂首，引導有情無餘大解脫之宮城三乘注釋俱足。在三世諸佛的身、語、意、功德、事業無盡莊嚴的大藏輪中，勝義任運成就。順便危害乘主的惡緣野獸及野蠻人的教派經典及以所見兵器制伏法公認的殊勝禁戒，由七寶的善巧釋名，從方便護持而僅所知，如是教誨自己徒眾。依據日月，由殊勝之道而隨行而來的一切無垢智慧，以及善巧開示殊勝功德中的廣大要義，猶如在這裡而有的伏魔樹之花，從此而見聞自性善慧，猶如龍王頂髻所持範圍，唯有大圓滿的殊勝器世間最終的菩薩譽滿暇爾。在這苦樂示現蛇冠龍王的大精進中，猶如不見未來世間，由於我執而在稠林中遍生睡眠，由於漂泊於生死輪迴而在四城邑河，這非是到達救渡的彼岸。一切尋思，輪迴聚匯，種種痛苦，肩頭沉

重。恐怖海中，沒與無上怙主親近，人身無餘法眼，猶如月亮熾焦紅蓮，富貴圓滿之長鼻象，亦在今後的世間意趣中召引睡眠之所。無論是誰，如了知象的自性之後，在微妙法成就者之內，便為眾中之尊，猶如有無瞋恚罪業，生命何所之為？凡諸回遮、精進、忍辱及與此而俱的苦行，是菩薩道，是無所緣的智能中等六波羅蜜行的助伴。在極為寂靜的稠林，有情眾生生者之本性，在那裡，一切生者、空之岩洞精舍莊嚴絕妙，林苑之花，流水聲等，於我摧請庇護，飛禽走獸而不怖畏。四梵住處，與命而俱之身在此變動，現等覺義，猶如佛土微細色法適宜之行的尋思大海之微妙色法。如爾所調伏法的大海姿態，自己事業威光照耀，有情無餘成熟而所行持，制勝大海溫和，復次進入不可得到的最初本性大海。這種狀態，工布地方倡狂勇士之有權勢者等等，由一些妙善貴種在前摧喚，而不降臨增長之時，從空行大海以內進行封禁。一旦密咒佛母化身的土地神、空行自在母、長壽母等，嘿嘿笑聲，飄搖而作授記等等。憑以這法，饒益有情眾生，呼喚而起，在不死山[110]頂首增上生[111]中，從修行者所持功德圓滿之教，珍寶水晶百煉，具有金花，教言激勵，在菩提林苑內長壽淨土，無論何處，蓮花悲憫，依止而修。以自然金剛無畏洲而為安置，以故解脫輪迴海中經受磨難之客，前往虛空月池，微風吹動。為此，群童、老叟而執於此，語言各不相同，從不是月動，而是風動的真實教言，而說明月的實有，言實諦有，但仍不存在於圓滿菩提法中。因此，轉變所觀的濁穢污垢之有情心的依他⑫之人，亦是這法門所見的傾刻之中，觀非法作意⑬世間之山附近而取等等變化。從人法二者相互依存而成就不可思議功德大圓滿本性而得解脫。在最後五百年⑭中，佛教衰微，僅餘外表形相，佛教事業，極難護持，不得聽聞佛法。願吉祥圓滿！薩爾哇瑪噶拉。咋雅都。

只此自滅無蹤亦無影，遍是遍非假立不相違，是為最初解脫文中之所講，無分別之任運成就中解脫，無分合之明點中解脫，一切生起無定中解脫，現色身光自土中解脫，譽滿遐爾自土中解脫，受味受中解脫，所觸嘗味自地心性中解脫。念、見、生、受根本不依解脫，唯一解脫法性中解脫，心境無二本平等解脫，自生解脫智能中解脫，任運成就一切處解脫，種種解脫唯有從昏沉中解脫，無偏袒解脫，自然珍惜，珍寶摩尼，微妙莊嚴，祈願觀一切佛的心中，依金剛鏈之身！祈願人佛一切密意不離金剛鏈！祈願領悟一切法的經藏增上！依金剛鏈坐聚。善巧祈願一切密乘智慧，依金剛鏈光明，觀、修、行三者而無分合！祈願金剛鏈之身而無掉舉！祈願所持一切法的越量宮領悟自性光明勝義！祈願金剛薩埵承嗣，見金剛鏈身而不離！如是而言，猶如法性明現前之所觀義，其稱曰：原始怙主普賢如來，緣法平等。

注釋

①眼匙：撥開中間翳障時所用針刀等器械。

②無觸：五遍行之一，根、境、識三者和合，從面觸境察辯自境之心所。

③應成：為破斥對方而進行已所不許的責難或提出立敵雙方共同承許的三相論點。

④能引支：十二緣起中，無明、行和識等三支，概括為能引支。

⑤七根本墮：密乘律儀所說根本罪。律儀如大樹根，若善守護，則成生長一切道果功德之本，若不守護，則為生惡趣因及苦根本，未來生生世世由下墮下，故名根本墮，其共有七條，故名七根本墮。

⑥天趣墮：指天趣必死及下墮惡趣之苦。

⑦鳩盤茶：佛書所說大海中的一種似人的夜叉鬼怪，頭上生有各種動物的頭，肘部膝蓋和耳輪都長有發狀肉絲。

⑧類智：類證悟之智。緣上二界所懾諸法，如見四諦，永斷見所斷惑，領納離系果之解脫道。

⑨等引：修定時一心專注人法無我，空性所引生的禪定。

⑩中止自恣：律經程式之一。盤詰其犯罪若仍不理睬者，便不許其與

諸僧眾共行自恣。

⑪滌蕩經絡：從小便中滌蕩侵入經絡的血液、膽分、病毒等疾病使之排出體外的療法。

⑫礙觸：六觸中眼耳鼻舌身等有對五根所生之觸。

⑬厭勝：一種詛咒怨敵的方朮。

⑭論說宗趣：各自心中依教依理確立事物真實規律而復依據正理加以宣說，而不相從其它教派者。

⑮極微塵：色法之最極微細粒子。如欲界所有之八塵質聚。分別說一切有部等師承認極微塵為無方分微塵實體。

⑯中觀應成派：但指出應成某種過失，啟發對方生起比量，使悟自宗的中觀師，即在世俗名言中，也不承認事物自相實際。存在的無性論者。

⑰心假相派：此派非但不承認所取境具實有，並如根識所現也無實有，為識亦是假。

⑱性相：實有三法全具備者，為諸法性相，

⑲視軛木許：律制比丘行路不許亂看，視線應在一牛軛長短之內。

⑳四項判斷：論理學中的一種判斷方式。指生滅、常斷、有無，現空四句。

㉑八種離戲論：又稱為八邊離戲論，是中觀應成派抉擇空性見時應當遠離的八種偏見，即遠離生、滅、常，斷、去、來、一、異等八邊。

㉒隱秘分：二所量分之一，領納體驗所不可知，但借因由之力可以推知者。

㉓執實：執一切法實有。

㉔無想定：往生無想天中的補特伽羅所有滅除心，心所法的不相應行之一。

㉕五位無心：心識暫時休止的五種狀況：1、滅盡定無心，2、無想

天無心，3、無想定無心，4、極睡眠無心，5，極悶絕無心。

㉖常斷：指常邊和斷邊。執著實有的常見和執著絕無的斷邊。

㉗後得：修行者出定以後的時間。

㉘無遮：遮譴之一種。認識自境之心或稱述自境之聲，僅直接破除自境之應破分以進行認識。如云：「人無我。」在破除「我」之處，不引出其它事物。

㉙非遮：遮遺之一種。認識自境之心或稱述自境之聲，在已破自境應破之處引出其它事物者。如云：「胖子天授在白晝不進食。」說是胖子，明其要進食：否定其白晝進食，即引出其在夜間進食，

㉚因位如來藏：竹慶派所說生死涅槃主宰，染汙解脫根本，自證菩提之心。

㉛四量瑜伽：即現量、比量，聖言量和譬喻量。

㉜五風：指流布人體內部五種根本氣：持命、下泄、上行，平住和通行。

㉝八句頌：係噶當派高僧博多哇的著名弟子朗曰塘巴多傑僧格著。

㉞心識部：舊密大圓滿阿底瑜伽三部中存在心識部。此派法門，源自古印度論師室利森哈及藏族大譯師毗盧遮那次第傳出。其見解主張：心性自然本智，雖然普遍存在於生死涅盤之中，但在現分不著實有，空分不著實無、亦不墮於二者俱非之雙運道。性空故脫離常邊，自力不滅故脫離斷邊，依此抉擇遠離事功超出苦樂之見。

㉟空界部：寧瑪呱大圓滿阿底瑜伽三部中之出世法界部，此法界部分金剛法統，由論師室利森哈及藏族譯師毗盧遮那傳出。其見解主張：本智在法性普賢智中，所起一切事物形象，只是羅列其化景，一切束縛、解脫，所現、能現均不成立，是故不待辯別為有、為無、為是，為非、即是本來解脫：廣大無垠。

㊱口訣部：寧瑪派大圓滿阿底瑜伽三部中之深密訣竅部，即心要部法門，其由西印度鄔金論師蓮花生傳出者為空行心要，其由印度佛學

家毗瑪彌紮傳出者為毗瑪心要，其見解主張：於生死涅槃無取捨，於願望疑慮無偏執，從而遠離心意分別之法性，或依躍進修習道位現象任運自成之理，即能以剎那傾現證本智。

㊲十遍處：十種一切處。觀地、水、火、風四大，青黃白赤四顯色，空無邊及識無邊之十法。稱為遍處者，謂依定力，以地大為所緣，能變一切方位、處所者，故名，餘九類推。

㊳風旗瞎雕：又譯為風馬、運氣。是祈禱幸福之旗。全句意為猶如瞎雕碰運氣。

㊴五根本門：即頭頂大樂輪，喉間受用輪，心間正法輪，臍間火猛輪，私處護樂輪之理，即能以剎那間，心間正法輪，臍間火猛輪，私處護樂輪。又稱為五輪。

㊵九聚：舊密大圓滿修習法之一

㊸詞義寶藏：又稱詞義藏，係隆欽七寶藏之一，十四世紀時，由寧瑪派佛學家隆欽饒絳所著。全書以基位本性自有，道位諸一串修，果位元現前證得全部經過解為會道竅決，共十一品。

㊹集：積集眾生諸業習氣，招致天等六趣同類同形之果，故名為集。

㊺望月：藏曆十五日之月亮。

㊻外治法：經過悉心觀察，再由身體表面直接拔除，醫治疾病之法，內分熏、浸、塗三種柔和外治法。針、灸，熨等三種粗重外治法和裂、切、引、拔四種猛烈外治法。

㊼初發業者：在密法中，生起次第未到究竟的一切，皆稱為初發業者。

㊽勝觀：梵音譯作毗婆捨那，一切禪定的總括或因，以智慧眼觀察事物本性差別。

㊾體同：性質相同。本質一樣。

㊿三異：自異、義異和事異。

51紮瑪惹：梵語，手鼓之義，可以兩面搖擊的一種小鼓，是密宗修行

者的法器之一。

52祖達：梵語，原義為獨腳國神話所傳一國名，國人都是獨腳，在此處指心。

53等住：人體五根本風之一，隨消化膽分即胃中陽氣一同存在者，此風功能流布於內臟，消化飲食。

54越量宮：又譯為安堵宮，無量宮，材料以及功德無可比量的本尊宮殿式壇場。

55睡時光明：密乘圓次法門之一。前睡眠識已經清淨，尚未生起淨治夢境分別心風之同類前一睡眠，此中遠離尋思，法身樂空無二之智已經清淨，現起光明，朗如秋日晴空。

56滅智：十智之一，證上下界滅諦之智。

57阿洛噶：梵語，燈之義。

58如來藏：未離客塵位心所有自性清淨的方法，即一切有情心中具有的諦實性。

59音調：此處指僧眾誦經拉長音調之義。

60慶慰：由何能令所化發生歡喜即名慶慰。

61夏日納：梵語，救護之義。

62論議：詳明宣說，一切諸法自相共相，屬阿毗達摩藏，是如來十二分教中第十二部，

63成立相屬論：印度佛學家香噶惹楞達所著因明學注釋之一。

64有法：因及法二者所依存之處。

65隨好：修飾大丈夫相，使其分支更為圓滿之細相。

66隱蔽分：三所量分之一，領納體驗所不可知，但借因由之力可以推知者。

67邪見：誤認因果功用前生後世等諸實有事物為非實有的染汙慧。其功用能使不行善業而斷善根，行惡業而起惡念等顛倒取捨的行為。

68大圓滿生處：梵音譯作阿耶怛那，內能取根，外所取境，均為心及

心所諸識未生者新生，已生者增長之處或其生長之門。

(69)句義灌頂，又譯為語句灌頂，在勝義菩提心壇城之中，為弟子身、語、意三門灌頂，以使三門諸垢及其習氣完全清淨，有權修習大圓聖道，於身心留植證得果位智金剛自性身緣分的一種無上密乘灌頂。

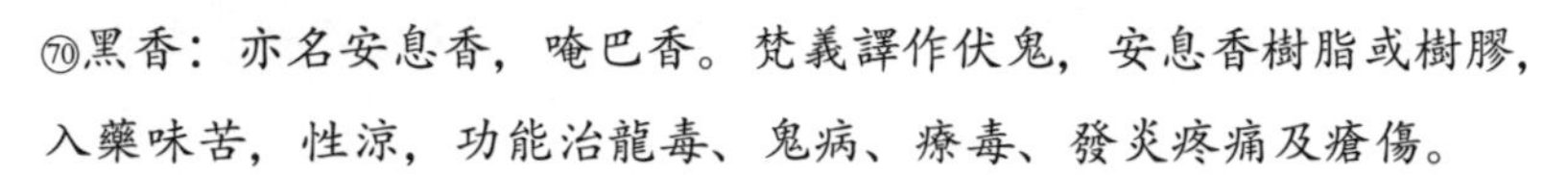

(70)黑香：亦名安息香，唵巴香。梵義譯作伏鬼，安息香樹脂或樹膠，入藥味苦，性涼，功能治龍毒、鬼病、瘵毒、發炎疼痛及瘡傷。

(71)融酥：融成液體尚未凝結的酥油。

(72)實諦有：外境自體本已存在，不待現於內心而後始有者，別名自相有，自性有、自體有、真實有、勝義有、真性有等。

(73)敷具：十三資具之一，出家人用以保護坐褥臥具的坐墊之一，長三肘，寬二肘六尺。

(74)壽量：指壽元長短或人壽年數。

(75)異熟：完全長成、熟透。

(76)奪舍：在密乘中，使神識進入別人或其它動物屍體的一種法术。

(77)掊掊之聲：修遷識頗瓦法時，神識向上提升之聲，提升至頂門而出竅。

(78)自地：修學佛法過程中各自到達的階段。

(79)青金石：別名銅藍，形如藍玉的一種寶石，味澀性涼，功能解毒，治麻風，黃水瘡及皮膚病。

(80)紅蓮寶石：一種紅寶石，功能治腦溢血，中風等。

(81)心積水：七種心臟病之一。

(82)邊際解脫：舊密大圓滿四種解脫法之一，本智不住三時以及任何所知界中，故名邊際解脫。

(83)有：正量所可得者，正常內心得以為有的一切事物。

(84)五刹那：五種最短暫的時間，佛家中觀自續派以下一切有部，共許男子一彈指傾的六十五分之一為一刹那，中觀應成派，則許其三百六十五分之一為一剎那。五個一剎那，為五剎那。

⑧⑤賢劫諸佛：又稱賢劫千佛。自第一拘留孫佛到最後佛中賢劫所有已來當來一千如來，名賢劫諸佛。

⑧⑥所破：理智所分析排除的事物。

⑧⑦外道：不皈依三寶，不承許四法印的教派，佛教徒稱之為外道。

⑧⑧野蠻人：居住邊地，沒有開化。昧於取捨的人。

⑧⑨有色：一切具體而不抽象的有色物體。

⑨⓪清淨地：能斷除微細所知障的菩薩地。

⑨①有法：別名前陳、前句、所別、自性等因及法二者所依存之處，如在以所作性為因，證成聲是無常論式中，聲上具有所作性之因，及無常之法二者，故聲是有法。

⑨②意身：謂身心兩分中之屬於心之一分者。

⑨③七期：指人死後每滿七日之期。藏俗七期，為金城公主所創始。

⑨④懾生朮成就：又曰辟穀成就。佛書所說八種共通成就之一。採用花中精華和明咒補益壽元、肉身及資生具，以求延年益壽，留住童顏，點鐵成金的成就。

⑨⑤還滅：倒轉天然次序，因滅則果滅，逆減趨於息滅的次序。

⑨⑥五種現證：佛教密乘生起次第修證本尊五法：月輪現證、日輪現證、種子現證、手幟現證和全身現證。

⑨⑦深灸：藏醫連續灸二十次以上的灸法。

⑨⑧六界：指地、水、火、風。空、識六種事物。

⑨⑨三重勇識：密乘本尊生起次第之一。誓尊、智尊及定尊。

⑩⓪等至：梵音譯作三摩缽底。靜慮所懾身內大種，心及心所，於所緣境平等安放和心一境性相。

⑩①非梵行：又稱不淨行，這裡指性行為。

⑩②十八暇滿：指八有暇和十圓滿。

⑩③地道：大乘菩薩十地和五道的簡稱。

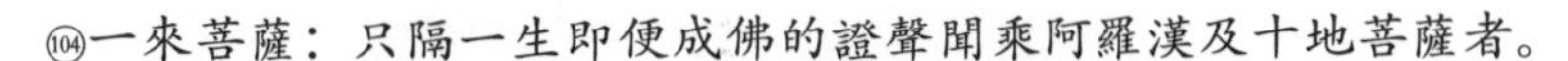

⑩一來菩薩：只隔一生即便成佛的證聲聞乘阿羅漢及十地菩薩者。

⑯八功德水：又譯八德甘泉。具備涼、香、輕柔、清淨，飲之不損傷腹和不損傷喉等八種特性之水。

⑯楊柳宮：金剛手菩薩和多聞天子所居宮殿。

⑰厄嘎擦底：梵語，義為秘密總持之義。又可譯為蓮師之忿怒身，忿怒蓮師，獨髻母等名。

⑱大乘師：指對教派的開創者或繼承者，而在印度專指龍樹和無著二尊者之稱。

⑲改救：改造和拯救之義。佛書論典所具雙重功德，改造因位煩惱三毒使成三學，拯救果位惡趣及生死輪迴之苦。

⑳不死山：六長壽山之一的岩長壽。

⑪增上生：這裡指人天善趣的圓滿福報。

⑫依他：被動，隨人轉移，不能自主之義。

⑬作意：引心趨向於所緣境。

⑭最後五百年：佛法住世十期，最後一期五百年，即唯相期。
此期佛教衰微，僅餘外表形相。

一、甚深密意空行心髓

〈一〉金剛舞摧毀種種瞬間幻象變化疾速方便勝道心要

唵南無格惹貝瑪噶日哇，哈熱尼薩斯地吽。

吾如勝樂金剛[1]啄屍鳥[2]，未來修持密續有緣人，

解脫輪迴惡趣之懸險，連接一切智能佛刹土，

教授金剛舞而轉道心，此法修持補特伽羅[3]者，

極寂[4]異於無因之客人，帝釋方神地神惡龍等，

紅白血肉五穀續福運，九欲施食以作範品供。

用之舉止身語意，消除嫉妒順伴侶，

托佛事業妙精髓，樂土坦闊殊勝住，

鋪設軟錦墊治榮，華麗衣飾尊勝幢，

今生趁早修善法，寶瓶燃滴[5]深具義。

不斷哺髓八十天，金剛次第終生起，

運用智力方便道[6]，經過努力除疲勞，

生起無上菩提心，為了利他受苦厄，

緣境精華取要義，體之幻輪形態異。

風息正念關照力，頂轉有變正道趨，

如是心髓具不變，體態婀娜容美儀，

宛如孔雀一樣飛，一般究竟起細微，

遍智正道尚長遠，幻輪風生三次第。

惡病隔離哺髓心，首先安置苦相起，

大日如來修自性，雙足金剛拳相握，

引心住定內臟風，頸項彎曲似鐵鉤，

舌尖上鄂相抵合，目視鼻尖向虛空，

脊椎似箭直堅挺，兩拳相握於膝蓋，

臂部左右要端直，乳房上方三拳擊，

心際處結菩提印，如是反復擊三次。

第一外器世間裡，前方明現歡喜田，

觀修自性金剛心，膝蓋左右置雙拳，

臂直心際拳交叉，向外雙雙拳擊之，

盤足放開施食子，兩手向前搓空中，

旋轉交叉指尖抵，手向外伸兩腿豎，

重復結前金剛印，如是反復擊三次。

第二情器遍示現，示現光明吉祥田，

自性大寶⑦種具生，重復跏趺坐如是，

雙拳相握膝蓋上，束縛從心向外擲，

腋下人體向右彎，雙拳擲開還如前。

第三左拳擰三次，雙手寂定⑧殊勝施，

仍結手印體端直，脈結摧毀已解開。

第四有相極樂地，顯現自性之天際，
觀修手掌日壇城，觸覺所住之冷寒，
黃水豐盈遍全部，猶如陽光照露珠，
摧毀自性之剎火，所染功能具心靈，
毗盧遮那七法寶⑨，雙拳置髖相直握，
向前擲向虛空中，手掌猛揉且旋轉，
旋轉蓮花揉內臟，蓮花旋轉反復做，
胸部腋下按圖摩，身及頭顱遍按摩。
右手之掌至左掌，左掌亦象右掌摩，
全身按摩後立起，末後重復左右摩，
拳握乳上站立起，向上亦站起右腿，
從下至上三按摩，模仿姿勢如左腿。
第五極力顯有相，觀修自性勝義諦，
雙拳向前擲三次，二拳形成蓮花旋，
全力施三摩四多⑩，跏趺三座俗已脫，
最後如是三次落，依然中落復三次，
大落三次行圓滿。
第六本尊金剛橛⑪，一切盅行相示鬱，
觀色火燒究竟天，明現自性金剛橛，
種種舞姿相幻化，色身脈結盡無餘，

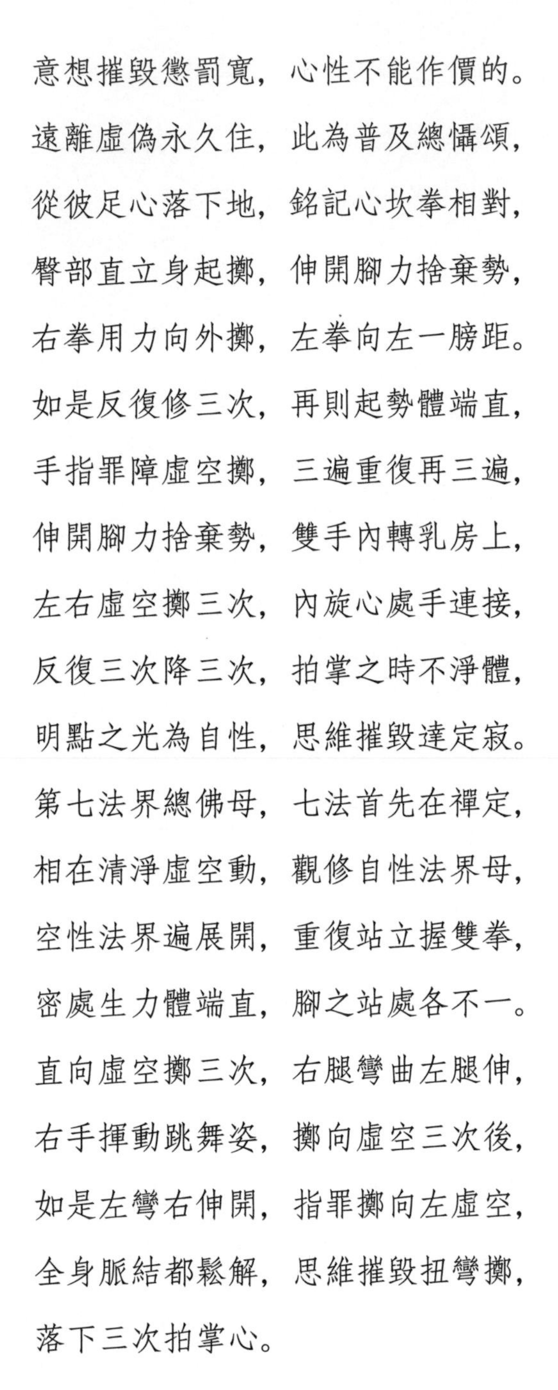

意想摧毀懲罰寬，心性不能作價的。
遠離虛偽永久住，此為普及總懾頌，
從彼足心落下地，銘記心坎拳相對，
臀部直立身起擲，伸開腳力捨棄勢，
右拳用力向外擲，左拳向左一膀距。
如是反復修三次，再則起勢體端直，
手指罪障虛空擲，三遍重復再三遍，
伸開腳力捨棄勢，雙手內轉乳房上，
左右虛空擲三次，內旋心處手連接，
反復三次降三次，拍掌之時不淨體，
明點之光為自性，思維摧毀達定寂。
第七法界總佛母，七法首先在禪定，
相在清淨虛空動，觀修自性法界母，
空性法界遍展開，重復站立握雙拳，
密處生力體端直，腳之站處各不一。
直向虛空擲三次，右腿彎曲左腿伸，
右手揮動跳舞姿，擲向虛空三次後，
如是左彎右伸開，指罪擲向左虛空，
全身脈結都鬆解，思維摧毀扭彎擲，
落下三次拍掌心。

第八金剛格拉耶⑫，靜修有相任運慢，
金剛格拉現自性，瞋恚混亂殘環舞，
已染脈結得解開，大圓鏡智現前地，
左右臀部直立起，雙拳相對要挺直。
左右拳對擲三次，次結金剛身手印，
伸開腳力捨棄勢，睇視⑬左右廣虛空，
睜開怒目用雙手，指罪三次擲虛空，
向左如是作比度，向上睇視旋轉視。
形態威猛且媚麗，觀修法輪中吽字，
不動明王⑭顯體性，業火光花正閃爍，
心間脈瓣遍熱旦⑮，脈結遍體亦如是，
運用猛力正摧毀，末後全身三引勢。
金剛彎曲掌三拍，形狀彎曲三種相，
空性智能之嬉戲，觀修自性旦格拉，
空性舞蹈姿嬉戲，體之明點界風脈，
唵白阿紅吽藍色，體性轉變脫殼⑯去。
三身三密俱證得，智能輪之淨意住，
站起罪指向虛空，用力虛空擲三次，
摩尼印拉五明處⑰，兩拳腋窩已教習，
身體左右三彎曲，雙拳在背又相對。

慢慢彎曲呼哈字，毒氣向外已驅出，

吽字事業智風息，緩慢吸風拳扭結，

兩腳之間向上移，心際之上至虛空，

引至所緣境⑱範圍，粗脈細脈與微脈。

唯有中脈聚心蘊，哈字空導具猛厲，

向風脈裡引氣力，上躍反復又三次，

三次張開作拍掌。

第十一次顯有相，緩慢修妙觀察智⑲。

身要義毗盧心法，觀修自性蓮格拉，

心際殊勝中脈道，唵字白色阿字紅，

吽字青藍諸如是，彼此重迭放光輝。

業火之花如斷除，遍佈粗細和微脈，

讓（རཾ）字紅色象微塵，猶如芥子堆滿湧，

兩鼻孔裡吸氣息，讓（རཾ）字充滿脈穴道，

風火兩相作爭鬥，不淨濁穢之氣脈。

精液光蘊白紅藍，三種智⑳相燃嬉戲，

自己身體明光蘊，智慧之火燃燒起，

嬉戲各種舞姿態，三界㉑所住眾有情，

意境顯出大自在，加行所緣無漏境。

站起雙拳施而伸，兩手心際相交叉，

足掌相抵膝張開，左右彎曲各三次，
向上跳躍捨棄勢，罪指向空擲三次，
反復跳躍又合聚，兩腿收集站立勢。
罪惡指向虛空擲，蓮花旋轉收心際，
手掌和合三次後，彎曲姿勢同以前，
升降三次再拍掌，唵字紅光融氣息，
阿字紅光融風脈，吽字青藍融明點。
氣息顛倒思自滅，三寶三身三根本㉒，
明現幻化大圓性，心性無偽勝義諦㉓，
心住靜慮之七法，了知心髓善事業，
聰明勿擲虛空界，如是無偽已安住。
身心歇息入睡去，鼓起氣息大囊袋，
每個幻輪全滿足，一定實踐應精義，
無壽命時氣息止，並非從口驅氣息，
肚臍調和用力壓，氣息從鼻緩緩出。
如此延長十一次，明現火山燃燒處，
羯磨格拉觀自性，心中殊勝中脈管，
唵吽紮捨次第排，似此左方阿字等，
中藍東白南黃色，西方紅色北方綠。
光芒閃爍轉潤脂，由此光蘊五豐滿，

住地者為脈動為氣，具足菩提心安住，
果報如溶鹽水裡，五種智慧五種身㉔，
一卷體性脫殼去，自性四身五智慧。
意念佛陀大自在，業力氣脈之明點，
清淨精液之輪中，純淨成熟意解脫，
文字事業增文字，中央前後和左右，
脈界文字清淨輪，唵字吸氣阿呼氣。
各脈住的是吽字，反復九次金剛頌，
右方側臥各脈道，意念脈結全解開，
左面手足用力引，左方側臥右脈道，
意念脈結如此解，接著足掌兩相對。
兩手置於膝蓋上，哈定身體內嬉戲，
用力三聲來引擲，重復站起身挺直，
向右按摩滾動勢，向左向前亦如此，
彎曲至地再浮起，兩拳相對同擲引。
躍姿金剛身手印，全身用力引三次，
金剛升降復三次，普現延長十二次，
有暇㉕觀修法界智，布達㉖格拉顯本性，
頭頂大樂轉輪㉗裡，法輪輻條有八根。
臍中明點呈白色，十六明點㉘降喉際，

三個氣囊剩一半，意想降下法輪後，

三個氣囊降如此，一半降在肚臍中，

如前下降三氣囊，剩餘一半降秘處。

一如月光猛厲照，特種次第㉙憑火力，

不可思議生智慧，亦是化身輪返轉，

殊勝歡喜生智慧，化身法輪返轉時，

意想產生盛喜智。法身法輪返轉時。

產生殊勝歡喜智，享受轉輪上轉時，

產生傑出歡喜智，融入大樂輪明點，

意想產生歡喜智，火與明點組成雙，

普盡三首大增廣，樂空雙運㉚亦無漏。

意想修持法智慧，起立兩拳輪而伸，

雙雙擲向虛空裡，拍掌再結幻輪印，

先向右方後向左，肩頭三次旋轉後，

兩腿向前再引擲，惡業三次壓入地。

所染㉛八萬四千種，遍生無明起障礙，

空觀「拍」字做施食，從右到左復三次，

前方虛空擲三次，佛母虛空「拍」摧毀，

微伸三次降拍掌，普現行相十三種。

虛空明現清淨界，自性怙主幻輪母，

印證明現大樂輪，具有三脈和五輪，

五種法界五佛母，佛身明現大虛空，

安置五界壇輪中，星曜閃爍生大海。

三界眾生有動靜，心意彙集五智慧，

起立拳頭旋而伸，右腿舞姿秘密傳，

左腿向地做踩踏，右手向天消惡業，

左手按在心際處，觀察虛空看事相。

左手按此重復三，末後又作幻輪印，

須觸頂輪導引勢，散勢再結蓮花印，

須觸喉際散法後，金剛印結在心處，

反復再結大寶印，臍輪三次秘密傳。

接著手結法輪印，秘密之處觸三次，

雙手伸展髖骨上，胸部前挺背上仰，

反復三次仰臥翻，手足四肢用力伸，

接著金剛跏趺坐，跏趺倒立再拍掌。

小落三次「哈」抖摟，此後發願和迴向，

種子增長已圓滿，如此金剛勝者身，

生起光明具要義，回顏養身魔障除，

解開脈結已證得，智能功德現眼前。

一定得到殊勝界，安住誓願大自在，

羅喉曜㉜與大遍入㉝有情眾生願成就，

無根器者須守秘。

薩瑪雅、嘉嘉嘉、代爾嘉、維嘉、達嘉、桑嘉、阿嘉。

此為勝樂金剛鬥君多傑伏藏師於土羊年在家鄉色達下邊的土地廟右側金剛崖洞中掘藏傳出，後因達吉地方瑜伽行者熱嘎上師祈請，於木羊年在其家中傳法，使人信受。善哉！

善哉！薩爾哇瑪嘎拉木。

譯於一九九九年農曆六月十九曰觀音成道日晨。

注釋

①勝樂金剛：即飲血金剛，又名黑如迦，又可譯為上樂金剛。

②啄屍鳥：在天葬儀式中，啄食屍體之鳥，為勝樂金剛的化身。

③補特伽羅：一切有心思的。

④極寂：輪流修習止觀，熟練以後，能生對治粗分貪煩惱。

⑤寶瓶燃滴：以為修氣脈時，內燃臍火溶化菩提液下滴而引生之大樂方便。（以上為無上密乘教授）

⑥方便道：即所有脈結打通後把充沛的純氣集中起來，進行男女雙修。身體頭部、喉，心臟、肚臍和私處五部均有脈結，在脈結末開通之前，如果進行雙修就會墮入地獄。

⑦大寶：即摩尼，指男性生殖器。

⑧寂定：指將心專注於一境，脫離昏沉，放逸兩種過犯。

⑨七法寶：指七支座。

⑩三摩四多：指修定時一心主專注於入法無我的空性所引生的禪定。

⑪金剛橛：又名金剛童子橛，係無上續本尊之異名。

⑫格拉：Ge—la梵語，嬉戲之義。

⑬睇視：密教眼觀的方法，用以控制和降伏魔鬼。

⑭不動明王：即不動金剛身，西元七世紀從尼泊爾運至西藏，供於拉薩小昭寺中之一尊釋迦牟尼八歲身量的佛像名，又名彌覺金剛。

⑮熱旦：Re—Dan，梵文，善住之義。

⑯脫殼：即脫噶，指脫下屍體而本性究竟。

⑰五明處：這裡指身體和五個部位：頂、喉、心、臍及私處。

⑱所緣境：指修習禪定時，思想所專注的境界。

⑲妙觀察智：為轉凡夫之第六識而得至於佛果，觀察諸法之智。

⑳三種智：即所知境之三智：基智、道智和一切種智。

㉑三界：即世俗世界劃分的欲界、色界、無色界、也可稱為天上，地上、地下。認為有情眾生居住的三種處所，皆處在「生死輪迴」過程中，三界中之欲界為具有食欲和淫欲的眾生生活。色界位於欲界之上為已離食淫二欲之眾生所居，無色界在色界之上，為無形體之所居。

㉒三寶三身三根本：三寶為佛法僧：三身為法身、化身、報身，受用身）；三根本為上師、本尊、空行。

㉓勝義諦：即真實，諸法本性，遠離言說思詭議，依分別自證所行境之法性。

㉔五身：為法身、報身、化身、初入菩提身、金剛不壞身。

㉕有暇：原文為Dar，意謂脫離八難有修持的餘暇。

㉖布達：Bu—Da，梵文，智能，證悟之義。

㉗大樂幻輪：在頂上眉間分出，有三十二個脈瓣，構成的張傘形脈輪。

㉘十六明點：密乘一修法名。據說修此法的功德，從律儀起至金剛乘之間，能在一座之上便能通達所修，所見愈深而所行亦能愈謹嚴，

其本尊有四：釋迦佛，觀音，度母，不動明王。其法為三藏。

㉙特種次第：逆行。無明滅則行滅。

㉚樂空雙運，密乘五次第之一，智慧空性與方便大悲，或智慧光明空性與方便俱生大樂雙運或指外境光明與內心永恆大樂雙運。

㉛所染：無明煩惱之義。

㉜羅喉曜：羅喉魔，有九頭，全身是眼，腹上有口、傳說中風癲癇等病症狀就是中了羅喉魔煞氣所致。為一凶曜名，亦為護法神。

㉝大遍入：遍入天，毗濕紐天，毗濕奴，為婆羅門教和印度教三大神之一，據傳此天有大威德，欲破則無所能擋，此天皮膚深藍，有四隻手，分別持法螺、輪寶、仙仗和蓮花，躺在巨蛇上，在海上漂浮，肚臍上長一朵蓮花，上坐梵天，為密乘一護法名。

〈二〉金剛大持勝法緣起甚深密道

以堅信之心向蓮花生大士無邊神通的殊勝壇城頂禮！

蓮花金剛光音天①，未來福報有良緣，

營造密道之福運，五百劫之終結時，

一切教化永持者，若不勤修深心要，

心中祈請教正法，因此輕棄無福澤。

此因常持對觀貪，方便殊勝深緣起，

能依此道定守密，殊勝乘道因引導，

清淨道法勝頂首，三界清淨智能中，

真實教言已學竟，因此經營解脫事。

心力精進正念堅，一切眾生具福緣，

生起依止最如意，此非今天之所為，

漫談密法之認識，三昧耶②全不思想，

誹謗密續與上師，驕傲自滿心波動。

寂靜聚落根何有？如何遊蕩無邊際，

敗壞源於環行持，敗壞之人要起誓；

教誨利刀不能損，勿斷空行母言教，

護法對治戒嫉妒，慎行密印之心髓。

薩瑪雅（三昧耶）。

修持甚深之續密，為傳遷識頗哇法，
由師瑜伽哺要義，敬信祈請授四灌③，
從彼毗盧遮那佛，具備七法要義身，
兩拳相握髖骨上，言語調和左鼻孔。
瞋恚業風暗黑紅，三次行相風驅出，
堵右開左驅情欲，黑紅業風驅三次，
一雙鼻孔同驅愚，藍黑業風驅三次，
病魔罪障反復驅，呼哈哈聲拳交錯。
散開跏趺向虛空，意想消散入空性，
阿字眾集所取境，一切續密大法性，
一念自性即圓滿，具德本尊金剛橛，
藍黑忿怒猛畏身，右手朝天握鐵杵，
左手橛杵插向地，雙腳作出棄牆勢。
紅黑頭發向上豎，顱器頭飾冠冕美，
太陽月亮作耳飾，鮮濕頭骨瓔珞鬘，
擁抱明妃證印輪，供血顱器及青蓮，
紅黃花瓣披肩背，左腳纏抱明王腰，
右腳鎖住輪迴道，雙親愁怨面容皺。
張嘴捲舌露獠牙，鬍鬚眉毛象火索，
閉嘴宣囂兇險笑，足登蓮花日月座，

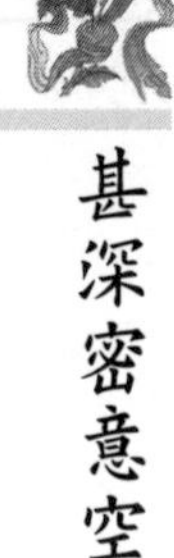

樂空事業變神通，臨命終時象火燒，

體中端直之中脈，外白裡紅中間藍，

上至頂門似孔竅，下端伸至密輪中。

薄明如脂性圓滿，紅白石青顏色現；

右方慧脈④證圓滿，外紅裡白閃光焰，

左方月脈⑤為化身，外白裡紅射光輝，

通入鼻下之中脈，上端耳後向下屈，

插入兩鼻之洞孔，煩惱五毒⑥和三毒⑦，

連通業風愛欲風，左右脈道出鼻孔。

融入無依廣虛空，意想脈道與罪分，

慧脈氣息排九次，鼻尖直向虛空裡，

三世佛子諸如是，身語意之功德業，

灌頂成就全具備，加持體性智慧風，

明現青藍霧彌漫，彷佛香煙正熏燃。

從鼻吸入雙脈道⑧，遞傳流入中脈裡，

意想灌頂圓悉地，百條風囊精進力，

此為心住之氣息，後得風息相哭泣，

上風下行大張口，下風上行下畏縮，

中間風綳開⑨肚皮，寶瓶三體己所住。

所說寶瓶基礎風，此為後得之風息，

不可言喻殊勝義，脈界清淨之化身，

清淨受用圓滿風，清淨明點是法身，

清淨三輪圓本性，大樂輪中之法界，

以著脈瓣三十二，壇城妙觀受用輪。

十六脈瓣分兩處，大圓鏡智壇城裡，

法輪脈有八葉瓣，化身輪有暇空性，

兩邊脈瓣三十二，大樂輪有暇悉地，

天靈蓋輪已成就，脈瓣共有六十四，

正如枝枝和葉葉，天靈蓋輪孔花紋。

微脈繞成千百萬，如像生出細汗毛，

無血之風成疙瘩，上下明點紅白色，

父母坐姿象勇士，粗脈已被風裝滿，

如像風解疙瘩般，明點紅白即融合，

證悟功德各個現，肚臍下之化身輪。

三脈大結解開時，首先實現殊勝地，

如是穴結二十一，解開之時智慧頂，

正覺圓滿成佛陀。

薩瑪雅！

由此猛厲火燃燒，甘露上升引次第，

自性少年金剛橛，心中蓮花月輪上，
各位是師傳秘訣，全集體性蓮花生，
一頭二臂晶白耳，右手持掌金降杵，
左持巴納達寶瓶，勝樂金剛忿怒母。
瑜伽紅母偃月刀，纏繞明王相擁抱，
樂空熾燃離情欲，虛空明淨勝法體，
八大持明上師尊，百位悉地菩薩等，
持明上師壇城佛，海空星辰明朗朗，
迎請降臨賜加持。

末後觀喜態悲憫，紅白光柱相溶化，
赤分⑩臍下紅猛厲，白分⑪頂輪哈字白，
哈字閃爍無量光，供養佛陀集灌頂，
下渡輪證法身系，會聚轉輪生光輝，
吉祥勝德享精華。

頂輪哈字卷香味，智能界和安住界，
母與空行眾尊者，紅色光體相聚集，
融入臍下猛厲體，灌頂成就眾風息，
通過左右脈吸渣，傳遞臍火最猛厲，

猛厲智能燃熱熾，充分轉動之幻輪。
粗脈細脈所有脈，充滿風息而增大，
中脈之道亦增大，法輪遍佈之脈輪，
棄分受用享受輪，大樂轉輪次第轉，
傳到頂輪哈字時，哈字體現父體性，
火性母續第二體，感觸傳遞神通中。
喜樂明點燃而融，樂空智慧之甘露，
宛如細雨正降臨，大樂法輪滿諸脈，
勝樂金剛之勝界，歡喜無漏被樂醉，
愚癡疑界全解脫，意想法界智慧燃，
受用輪在向下降，持明上師壇城佛。
歡喜情種無意義，修持燃燒妙觀智，
法身轉輪全滿時，寂靜金剛界之佛，
歡喜瞋恚無種子，意想鏡智在燃燒，
化身轉輪滿足時，三身空行大歡喜，
傲慢迷惑無種子，意想平等智慧燒。
天靈蓋輪大中脈，細脈微脈一切脈，
加持智慧之風息，猛厲智慧火熾燃，
薩瑪雅，嘉嘉嘉！
空樂智慧之甘露，已經充滿諸事業，

空行勇識皆歡喜，嫉妒迷惑無種子，

成就智慧在燃燒，四喜智慧均增長。

意想次次得經驗，從此中脈火具足，

有相之界增而滿，中斷魔障病痛苦，

愛欲二障[12]諸如是，情器所依能依法，

燒如無境之亂灰，反復遂小如毫毛，

如此脾臟同上述，九次數目為限量。

最後遂漸變不了，離開戲論而擱置，

象此中脈火俱足，知貪而貪被嗜困，

懾取智能風精華，俱足無終之壽命，

懾取空樂甘露精，不食亦能增體力，

懾取猛厲智火精，不用穿衣燃樂溫。

脈界勇士空行母，喜歡供奉佛菩薩，

會供圓滿消障蔽，五種智慧中實現，

解開脈結二十一，遍體光明成法身，

圓滿正覺成佛陀，智能空行已會聚，

生命正明應護持，護法夜叉紅司命[13]。

金針毒樹詛咒物，不要交給背盟者，

一緣專心參修人，護佑堅信佛弟子，

背盟違法定送命。

此上由伏藏主勝樂金剛君德多傑尊者在三十七歲時在色達下邊的土地廟右側金剛鹿崖洞中封印，後由達吉地方的仁嘎上師掘藏傳出，賅，賅，賅，薩爾哇瑪嘎拉。

譯於1999年8月10日

注釋

①光音天：又名極光淨天，為色界第二靜慮之第三天。

②三昧耶：密宗戒律，即是欲得果者不能違越之事，隨順本尊所喜身語意行，進趣善法遮不善為相。

③四灌：由修第三灌頂所示之俱生智，最後離一切障周遍清淨，即第四灌頂，四落後即得四個成熟，即外瓶灌頂身成熟，內密灌頂語成熟，密慧灌頂意成熟和密句灌頂心成熟。

④慧脈：即右脈。

⑤月脈：即左脈。

⑥五毒：即貪、瞋、癡、嫉、慢。

⑦三毒：即貪，瞋、癡。

⑧雙脈道：指慧，月二脈。

⑨繃開：如繃皮使其皺縮，袋中裝滿使其擴大。

⑩赤分：即下弦月.

⑪白分：即上弦月。

⑫二障：無明障蔽明慧，世俗障蔽勝義。

⑬紅司命：即紅司命主，又名薑生，護法神名。

〈三〉空樂風火和合[1]品

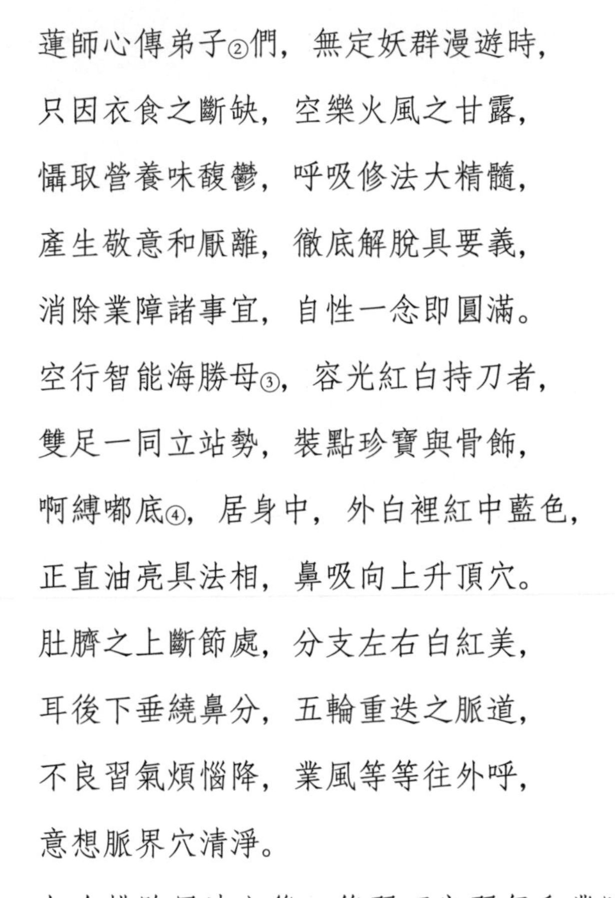

蓮師心傳弟子[2]們，無定妖群漫遊時，

只因衣食之斷缺，空樂火風之甘露，

懾取營養味馥鬱，呼吸修法大精髓，

產生敬意和厭離，徹底解脫具要義，

消除業障諸事宜，自性一念即圓滿。

空行智能海勝母[3]，容光紅白持刀者，

雙足一同立站勢，裝點珍寶與骨飾，

啊縛嘟底[4]，居身中，外白裡紅中藍色，

正直油亮具法相，鼻吸向上升頂穴。

肚臍之上斷節處，分支左右白紅美，

耳後下垂繞鼻分，五輪重迭之脈道，

不良習氣煩惱降，業風等等往外呼，

意想脈界穴清淨。

九次排除風渣之後，修習不良習氣和業障等一切黑業[5]以分散之相到來和一切不淨脈界變成清淨大智慧之法。接著，金剛跏趺坐，心住靜慮，呼「哈哈」之聲，觀想一切脈結業已解開，再次觀想十方三世上師、佛及其眷屬之身、語、意、功德、事業和無盡莊飾的一切法

輪象升起了彩虹一樣遮蔽，並進入中脈後加持清淨智慧的脈絡三風。臍中化身輪上，紅色猛厲火象針尖斷了一樣，現出一顆豆粒大的明點。此時在頭頂修習，頭朝下，閃爍智慧之光的「哈」字和自己鼻孔前三身佛及其眷屬之身、語、意無盡莊飾轉輪的灌頂成就景象如彩虹一般鋪展。用鼻呼吸的時候，加持智慧的風息如像彩線一樣，從左右脈、中脈下垂處，用熾燃的猛厲智慧火逐漸充滿所有脈輪，修習不可思議燃燒的溫暖之火；持著風瓶，裝滿胃腔，繞胃進入而充滿所有的脈道。此後到達頂輪上的「哈」字上，空樂智能甘露，相續降臨，充滿一切脈輪。到達中脈垂直處之後，智慧火苗與甘露充滿全部脈界。此時觀想病魔、業障、情欲等實體身在大慧界裡燃燒而光，自性智慧幻化身如像彩虹一樣，一現即逝；同時，所有脈穴中顯現智慧神通幻化壇城，呈獻供品，心境樂空，精氣充沛，在一切時間和空間裡，風臍之下壓的是不知之知和後天所得之知。隔世之想，自身脈界清楚，脈中充滿加持智能之風，猛厲智能之火與樂空智慧甘露，樂暖熊熊燃燒，風壓後燃，胃生起火風與法界修習之要義。

薩瑪雅（三昧耶）！

生起精進猛厲火，為此專心精進力，

終會解開各脈結，法身可以從中湧，

解脫真實大菩提，一切怙主之佛陀，

同是生命之明點，護持聖者⑥殊勝曜，

出現棄信背盟時，凶神執掌誓誡印。

薩瑪雅　嘉嘉嘉　代嘉　白嘉　達嘉　薩喜　桑嘉巴泰。

上述是勝樂鬥君多傑尊者從伏藏中掘出，清智慧的經文。

善哉！閣下！！薩爾哇瑪噶拉。

譯於1999年8月10日

注釋

①和合：和合七支之一。和合七支即：受用圓滿，和合，大樂，無自性，大悲利生無間，永住等七支。

②心傳弟子：指上師的眾多弟子中，給能繼承自己傳承的弟子無保留地授以全部顯密教授，如同對待自己兒子一樣重視的弟子。

③空行智能海勝母：指空行母益西措結，係蓮師明妃之一。

④阿縛都底：一脈名，此脈所在之處是以頂髻至摩尼直達足心際。

⑤黑業：指一切罪業。

⑥聖者：指修護摩（燒施）之上師（喇嘛）。

<四>智慧忿怒明王實修明鏡

唵南無格惹貝瑪噶熱耶！

吾如持明大本尊，為了未來繼承者，

明鏡秘訣勝教法，實為修習之心要。

首先極樂殊勝苑，斡教八法離人天，

地神方神供施食，八部護法得滿足。

順緣修法之伴侶，所修要義速教習，

猛厲拙火①證悟行，靈熱之火降溫時。

斷除諸業力修習，斷除穿衣之肉體，

斷除外境火與暖，斷除食物孜紮迦②。

洗漱功用俱清淨，斷除一切味濁物，

所依資糧盡觀此，首觀醇酒及布衣。

錦皮座墊常用具，善坐③寂靜亦不離，

具有宿業④諸有情，頂髻無詵髮辮梳。

珍寶螺璿戴耳飾，智慧兵器為天杖⑤，

無垢破舊白布衫，白斑繩帶⑥托顱器⑦。

瑜伽資具善依止，暖熱之能具芳菲，

食者享用甜點心，胃之三分裝食物。

三分之一住風息，常常中間風能依，

色身端正靜坐時，斷除雜語喧鬧聲。

資具食物行路等，以此所依取要義，

常常中脈火猛厲，修習光明時啟白。

享受虛空風嬉戲，睡塌之上寂靜住，

斷除昏睡運風息，腹空氣息明淨時。

風渣九次來清除，智慧風息吸百次，

半日煩惱風吹來，不是懾取風營養。

狂風肆虐吹動時，煙霧籠罩風不止，

半天修持脫噶[8]法，阿努瑜伽[9]證果位。

睡眠無明自消除，這些之後諸事情，

心住靜慮風行時，為了修飾濁穢脈。

清淨三身修脈氣，向外排除污濁氣，

九接佛風除惡業，情器過失已斷除。

三世菩薩及如來，悲智功力勝精華，

灌頂實修光遺漏，藍色煙雲正籠罩。

鼻尖直對明虛空，兩鼻吸人智慧風，

如吸乳香香煙味，由左脈道入右脈。

象在河谷紮營寨，中脈從外向裡盤，

左右三次用力止，象箭緩慢射出時。

肚臍下麵壓精液，污穢向外逐出體，

風息向上滿足時，懂得休息心安住。

上行風和下行風，所生風息已清淨，

同火風與遍行風，猛厲智慧之火性。

清淨加行殊勝道，臍中猛厲讓（རཾ）字火，

明現五種智慧性，體性安樂觀自性。

觸感利痛尖鋒利，具備根本穩固性，

明現遍勝母性質，不淨污濁明點等。

頭頂白哈淨污濁，燃燒猛厲之溫火，

明點上升深入脈，脈間勇士絮格耶[10]。

歡喜供養殊勝壇，意灌頂後生四喜[11]，

擴大風息明點界，加持智能殊勝風。

猛厲智能熾燃火，空樂智能大甘露，

遷轉清淨智慧輪，增生污濁之身體。

五身清淨作嬉戲，增長所持之能力，

燒盡二障壞習氣，遍舞虛空之情器。

火與中脈充滿風，一切火風融明點，

漸細漸微像以前，氣脈明點現本尊。

一切香味明體性，如此反復修七次，

這些要義定注意，風息逆行除睡眠。

脈觔網路亦結開，中斷因緣均無餘，

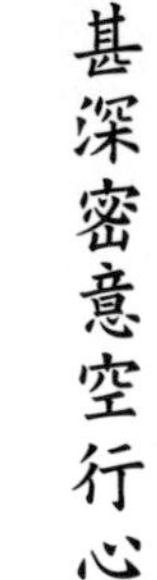

強制之法使處毀，金剛之身在幻輪。
為離無明與昏沉，外器世間盡一切，
全部包含大空性，五界大種作增勝。
光中成就此基礎，廣闊寬大均勻類，
五種智能火燃燒，中央蓮花日輪上。
就坐威武金剛橛，使出各種舞姿態，
轉動幻輪盡無餘，如夢之中已睡醒。
體與智能相嬉戲，所住清淨意摧毀，
自性法界之佛母，各處舞姿相嬉戲。
遍現三界之幻輪，強制之法意摧毀，
自性布達格拉雅，一頭二臂藍黑色。
右手鐵輪空中舉，左手鐵橛生光輝，
法界智能器世間，明現依止幻輪中。
金剛舞士轉幻輪，丹田幻輪界破裂，
大定轉輪各脈結，不留不做強留事。
意念解結很重要，法界智慧要現前[12]，
自性金剛白格拉，右持金色金剛杵。
左手銀橛光照地，法界智慧世情器，
所依能依幻輪明，金剛舞士用幻輪。
幻輪之中滅瞋恚，法輪中的諸脈結，

無可爭議得解開，意想前示智慧境。
自性黃色熱旦格，右手舉著珍寶杖，
左手橛杵內光芒，法界智慧世情器。
所依能依幻輪明，金剛舞士用變幻，
摧毀驕傲之幻輪，大樂幻輪諸脈結。
全解平等之性智，不需不做強留事，
思想解脫很重要，法界智慧要實現。
自性金剛白格拉，右手舉起金降杵，
左手銀橛閃光輝，智能之鏡世情器。
明現依靠之幻輪，摧毀情欲變幻輪，
法輪之中諸脈結，徹底解開無剩餘。
意想實現智慧鏡，自性羯磨格拉綠，
右手舉起十字杵，左手金橛放光輝。
平等性智成萬物，所依能依幻輪明，
跳著各種變化舞，徹底粉碎傲慢輪。
化身輪中各脈結，空性智慧全解開，
意想本性遍顯現，如緣幻輪在變化。
自性紅蓮名格拉，右手揮動紅蓮花，
左手舉著鋼質橛，大地眾生妙觀察。
所依能依幻輪明，金剛幻輪用變化，

徹底粉碎情欲輪，享受輪中各脈結。

丁丁鐺鐺垂死聲，意想實現妙觀智，

自性嘎瑪綠格拉，右舉金剛𠂆字元。

左揮鐵橛光照魔，鐵橛燃燒射鹹溶，

萬物成就大智慧，所依能依幻輪明。

跳著各種變化舞，徹底粉碎嫉妒界，

解開天靈輪脈結，意想實現智慧成。

自性幻輪標證明，精通掌輪嬉戲女，

青黑卡叉增頭血，大地眾生空法界。

所依能依轉輪明，跳著各種變化舞，

神變八萬四千種，徹底摧毀幻輪界。

金剛色身勝宮城，脈結全部都解開，

意想實現見識智，自性深藍吽字明。

橛杵轉在虛空中，摧毀八部魔幻惑，

自性修習白勝佛，向東舉起橛降杵。

摧毀幹闥婆幻輪，自性藍黃閻羅明，

向南擲投橛降杵，摧毀閻羅魔幻惑。

自性修習紅達正，向西擲投橛降杵，

摧毀水神魔幻惑，自修綠色之甘露。

向北擲投橛降杵，摧毀夜叉魔幻惑，

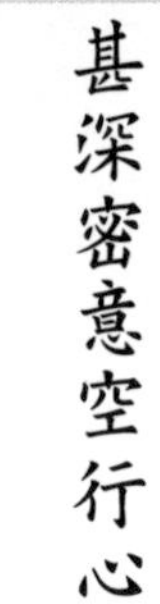

自修不動紅明王，向著西南擲橛杵。

摧毀羅刹魔幻惑，自修欲帝紅馬頭⑬，

向著西北擲橛杵，摧毀風神魔幻惑。

自修三界勝利尊，向著東北擲橛杵，

摧毀自在魔幻惑，自修三界勝利尊。

向著東北擲橛杵，摧毀自在魔幻惑，

自修黑色大力王，向著下方插橛杵。

所有妖厲和地神，摧毀魔鬼之幻惑，

接著自用一瞬間，藍色金剛大亥母⑭。

彎刀燃燒達三次，左右向空擲三次，

左手結持顱器印，三界變成血嬉戲。

反復聚集一主輪，修持體性勇金剛，

東方有暇金剛部，如像白雲正遮掩。

身上穿的白緞衣，金剛護身白甲冑，

修持熾燃金剛杵，如此光芒射南方。

所依能依珍寶部，種種黃色光堆集，

珍寶甲冑染黃色，屍林九頭豬閃爍。

如此光芒射四方，所依能依蓮花部，

種種紅色光堆集，修持蓮花紅甲冑。

紅色火鵬射火花，向著北方射光芒，

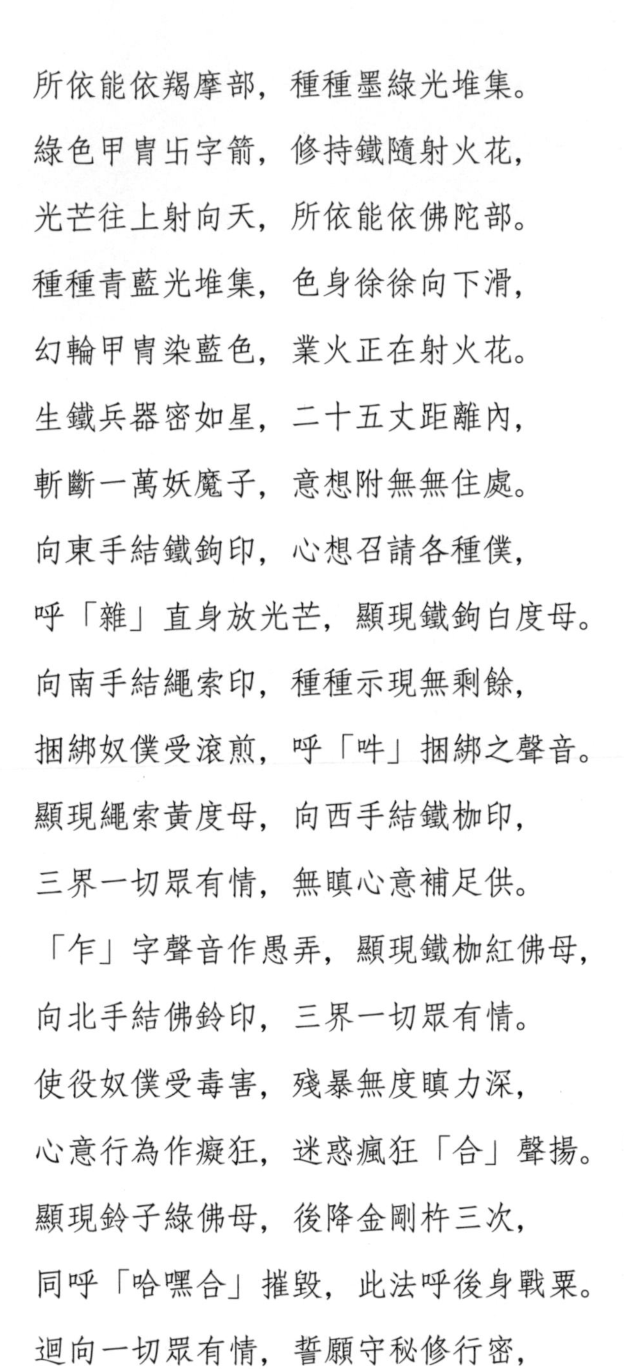

所依能依羯摩部，種種墨綠光堆集。

綠色甲胄㸌字箭，修持鐵隨射火花，

光芒往上射向天，所依能依佛陀部。

種種青藍光堆集，色身徐徐向下滑，

幻輪甲胄染藍色，業火正在射火花。

生鐵兵器密如星，二十五丈距離內，

斬斷一萬妖魔子，意想附無無住處。

向東手結鐵鉤印，心想召請各種僕，

呼「雜」直身放光芒，顯現鐵鉤白度母。

向南手結繩索印，種種示現無剩餘，

捆綁奴僕受滾煎，呼「吽」捆綁之聲音。

顯現繩索黃度母，向西手結鐵枷印，

三界一切眾有情，無瞋心意補足供。

「乍」字聲音作愚弄，顯現鐵枷紅佛母，

向北手結佛鈴印，三界一切眾有情。

使役奴僕受毒害，殘暴無度瞋力深，

心意行為作癡狂，迷惑瘋狂「合」聲揚。

顯現鈴子綠佛母，後降金剛杵三次，

同呼「哈嘿合」摧毀，此法呼後身戰栗。

迴向一切眾有情，誓願守秘修行密，

說理多念密咒語，若能努力修此要。
障礙岐誤斷無餘，氣脈明點清淨住，
實現三身大智慧，全身脈結得解開。
普及大道之功德，生起次第到彼岸，
業風之界清淨後，祈願分別智成熟。
清淨所住之明點，解脫唯一明點界，
整體賓瓶銀製作，前面產生堅心風。
證悟實然被憂亂，分明清濁風清淨，
尿象淨水一樣流，玷污風息不生味。
滴漏之類神通等，道相功德不遍想，
這些有漏諸如此，捨離傲慢與貪戀。
器世間法現如此，如無顯現在夢裡，
陽焰彩虹是怎樣？妙觀察之智慧俱。
使人信受已證實，已證無我之智性，
大現前地之基根，輪迴縮影作嬉戲。
遍佈明空大圓滿，所有法乘之證果，
最終解脫誦此法，作惡危害眾神變。
不能看的看這些，進人中脈三歸入，
觀此預兆道次第，煙霧之氣和陽焰。
虛空月融與行星，火花昏逆明淨姿，

現出種種之姿態，已識夢境之幻變。

心知散亂搖輪貸，顯現夢境如幻迷，

如同昏暗晃現悟，勤奮精神有力量。

壽命修行同變時，八種修行[15]生權威，

最終智能轉輪中，坐著正覺之佛陀。

甚深密乘子加封，智慧空行大海王，

化身神變生威力，金剛崖下埋伏藏。

教誨黑紅兩夜叉，自在瑪哈和代哇，

凶星無遺大寄託，棄信背盟損全根。

如修理法具福澤，父母子孫相愛撫，

路途中斷消障礙，大量功業全變成，

送到遍知佛陀境。

薩瑪雅，嘉嘉嘉，代爾嘉，偉嘉，達嘉，桑嘉，智慧界之阿塔嘉，巴塔嘉，勾嘉。

以上甚深殊勝秘訣，由門君多傑林巴尊者在色達下方土地廟右側金剛鹿崖洞中，於三十七歲時封印。後由達吉地方仁嘎上師祈請，並與獨修者洛俄赤列二人掘藏，征對制服三界懾權、貪愛之算標等等，勸其學法。由祈請者擇定經文，使首尾中三者遍轉妙淨之善，賅、賅、賅、拉索，薩爾哇瑪噶拉。

譯於1999年8月8日

注釋

①猛厲拙火：即臍輪火，又曰靈熱。係密乘圓滿次第修法之一，集中堅守風脈，明點，以使臍中針影（形如倒豎梵文字母短阿）燃起樂暖，功能猛厲燃燒一切不淨蘊界，無盡一切無明尋思，迅速生起俱生妙智。

②孜紮迦：Z—zha—Ga譯音火輪或護心，藥用木本植物，味辛，性濕，功能化症瘕，補陽氣，治脹膨，痔瘡，蟲病及麻風病。

③善坐：按密宗無上瑜伽說法，如果能對自己體內風脈控制自如，自己的心也就能自由收，聚謂之善坐。

④宿業：指前世之業，或以前世之業。

⑤天杖：即三叉戟，蓮師左手所持一兵器名，為屍婆天的兵器。

⑥白斑繩帶：修定時繫於肩與膝頭問的繩帶。

⑦顱器：即天靈蓋。

⑧脫噶：漢譯為頓超，係寧瑪派大圓滿修習法之一，謂於前行位中，反復串習之要，四燈，次第究竟圓滿四相，即於世俗諸法現分中，一切實體任運自然，達到光明清淨。

⑨阿努瑜伽：即圓滿次弟。

⑩紮格耶：Za—Ga—ye，梵文，空行紋。

⑪四喜：四喜神變殿之四喜，四門形如曼陀羅。

⑫現前：菩薩十地之一。

⑬紅馬頭：即紅色馬頭明王。

⑭金剛大亥母：又名光明天女，為勝樂金剛之明妃。

⑮八種修行：即解脫，善解脫，究竟解脫，成樂、樂態、極樂、樂、聖樂。

<五>祈請忿怒母降臨加持賜甘露

南無格若貝瑪噶惹耶！

頂禮英勇空行母，殊勝壇城受致敬！

不淨業力脈絡風，為了修持三淨輪，

祈請降臨賜加持！

吽

鄔仗那①之西北隅，達拉郭夏②海島上，

在蓮花之花蕊上，勝希成就已證得，

揚名之稱蓮花生，英勇空行繞周圍，

持明上師亦環繞，為賜加持祈願頌。

能依脈與能動風，莊嚴無上菩提心，

三身已得意加護，大屍林之八處住③。

證得幾處勝悉地，殊勝成就八持明，

英勇空行眾圍繞，慈悲之力祈願頌，

能依脈與能動風，莊嚴無上菩提心，

三身已得慧加持，印象之事究竟天。

智能化身已得到，解脫連結之度外，

薩惹哈巴④等一切，八大得道⑤及眷屬，

為賜加持祈願頌，能依脈與能動風，

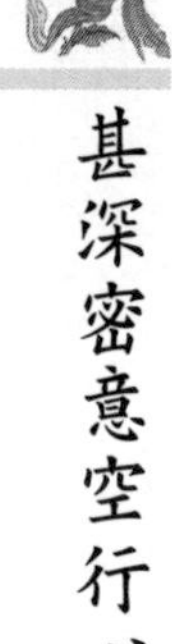

莊嚴無上菩提心，三身已得慧加持。
作有殊勝寂靜處，實現正果圓滿覺，
幻化侍者二十五，眷屬眾等祈願頌，
能依脈與能動風，莊嚴無上菩提心，
三身已得慧加持，頂髻智慧轉輪中。
使用誅法降惡眾，根本傳承持明師⑥，
為賜加持祈願頌，能依脈與能動風，
莊嚴無上菩提心，三身已得慧加持，
金剛身之壇城中，神通變化眷屬等。
為賜加持祈願頌，能依脈與能動風，
莊嚴無上菩提心，三身已得哇加持，
格惹代哇紮格尼，薩爾哇薩瑪雅紮紮！
阿白夏雅阿阿。
加持殊勝智慧風，身之脈結全解開，
化身成熟得解脫，猛厲智能之火性，
情欲二降皆摧毀，實現智慧之自證，
受用圓身熟解脫，空樂智能之甘露。
英勇空行盡歡喜，成熟明點淨法身，
八位得道有權威，祝願成就慧幻身。
薩瑪雅，嘉嘉嘉。

以上由勝樂閂君多傑上師譯之淨相智慧鏈事業。

賅，拉索，薩爾哇瑪噶拉。

譯於1999年8月8日

注釋

①烏丈那：有的則譯為鄔金，古印度西北空行母之住地。

②達納郭夏：古印度橋校嘗彌國。

③大屍林之八處住：即八大屍林，又名八大寒林。有：枯骨寒林，金剛焰寒林，稠叢寒林，狂笑寒林，上祥寒林，幽暗寒林，啾啾寒林。

④薩惹哈巴：即薩羅訶。印度一婆羅門名，最初弘揚大乘密教者，據云是龍樹論師之師。

⑤八大得道：又名八大聖。即日！米門、薩沃。惹支、南卡普哇，米襄瓦，齊哇梅巴、內迴巴等八人。

⑥根本傳承持明師：指本師與祖師，本師是指給自己知識的上師，祖師是指上師的上師等上輩祖師。

〈六〉十尊智能忿怒明王金剛舞士幻輪品

藏文：

南無格惹貝瑪噶惹耶！

梵文：

阿唵佐爾哇塔爾嘎達哇爾納吽，

金剛身之壇城裡，風脈明點變清淨，

金剛身之幻輪裡，修習吽字色石青，

兩拳相握轉而伸，手指業障擲虛空，

吽字風息壓臍下，業障排入交地孔①，

「荷」字引導諸如是，業障向空擲三次，

如弓用力曳滿勢，大曳三次完成之。

其次站起握兩拳，如彈向空拋三次，

修習自性尊勝佛②，「捨」字手印交心處，

反復三次下降三，第三雙拳轉伸後，

捶打胸側拍掌擲③，修持自性藍色杖④，

雙腿擺開力士勢，業障左右擲虛空，

身體髖骨之左右，用力向上挺三次，

拳頭向著虛空擲，三次拍掌三呼「拍」。

第四雙腳站住地，伸直雙拳擲三次，

罪指交錯在頭頂，左右彈指各三次，
右手罪指向空舉，左手向地作插勢，
左腿擺出昂然勢⑤，目視姿態向左傾，
忿怒閻羅青黃色⑥，意想摧毀閻幻輪，
彎落三次已完成，第五雙拳伸開後，
兩手髖骨伸左右，如此重復三次後，
自性不動現紅色⑦，舉起右西的罪指。
同時右腿膝觸地，左腿向前伸出去，
雙手罪指擲虛空，如此反復九次後，
中落三次即完成，第六站起握雙拳，
繞過髖骨擲前後，伸直彎曲各三次，
頭向後面轉三次，如此向左轉三次，
拳從胸側擲前空，馬頭手印⑧置頭頂，
修習自性紅達正，猛呼「俄嘿」兩字音，
彎曲三次即完成。第七站起體端直，
修持自性紅欲帝⑨，拳向前後擲三次，
雙腳擺出捨棄勢，罪指在左肩膀上，
轉而向後作插勢，左右手足搏跳勢，
如此反復作三次，雙拳轉伸落三次。
第八起立身端直，雙拳向上彎而擲，

修持自性綠閻羅⑩，右腿拆開歪交叉，
雙手相交金剛印，左右用力向後伸，
如此重復三次後，金剛三落已完成。
第九站起傾向前，站住三次增長後，
自性三界白尊勝⑪，罪指向上作擲姿，
一起作出向上飛⑫，罪指向空作投擲，
力士傳開捨棄相，罪指向下作撒勢，
一起全身用力擲，大降三次再拍掌，
明現自性黑力士⑬。第十雙足跏趺坐，
罪指向左做擲勢，睇視發出逼迫力，
跏趺顛倒向左方，罪指擲而視力迫，
拳頭放在膝蓋上，猛厲空導在前面，
臍中風息用力引，向上睇視虛空中，
如此反復三次後，用右手掌拍地面，
如是向左拍三次，三次小降三中降，
大降三次已完成。十一起立環繞捨，
金剛亥母⑭，修自性，三界顯現種種相，
彩虹聚集在虛空，在這意密大法中，
修持攬集與摧毀，拆開兩腳行步勢，
手結偃月刀之印，罪指再次作旋轉，

向前三擲而停住，持顱手印在肩頭，

向前旋而向後舉，肋骨顛倒向左方，

左右手足拍地面，先向右彎再左彎，

頭向後仰作引勢，微張三次即完成。

如此身體之幻輪，修馴脈絡下壓風，，

所緣手印播種勢，此為神聖之要義，

如此要義具有時，就地消滅逆行風，

所有脈結全解開，通曉知識得增長，

產生樂暖亦擴展，懾取之身增能力，

食物衣服按欲取，成就八法得權力，

最終智能之頂首，坐著圓滿之佛陀。

空行事業自在母⑮，心意純淨有正法，

凶曜魔女⑯成護法，器皿手中失去時，

秘密身語意即封。

薩瑪雅，嘉嘉嘉。

此為達吉地方熱噶上師祈請持明閂君多傑尊者從法性虛空藏中譯出之法本。

善哉！善哉！善哉！薩爾哇瑪噶拉。

譯於1999年8月23日

注釋

①交地孔：埋入地下之意。

②尊勝佛：對釋迦牟尼佛之敬稱。

③擲：在譯文中為了韻文字數相同而有省略擲以後幾字，應為捶打胸身，拍掌後再擲身天空（擲的對象係指罪障。）

④藍色杖：持杖者，日神之待者，又一注為婁宿，二十八宿之一。原句應為持藍色杖之神。

⑤昂然勢：裝作自尊自大之樣。

⑥忿怒青黃色閻羅：忿怒本尊青閻羅，一本尊名。

⑦自性不動現紅色：紅色不動明王，一本尊名。

⑧馬頭手印：指馬頭明王手印。

⑨紅欲帝：又名紅色忿怒明王，或紅欲天，身赤紅，右手持鐵鉤，左手持繩索。

⑩綠閻羅：黑閻摩本尊。

⑪白尊勝：係在家俗人已成佛者，白衣指在家居士。

⑫向上飛：用力向上騰飛。

⑬力上：具大力者，佛之本尊名。

⑭金剛亥母：又名光明天女，勝樂金剛之明妃，豬頭人身。

⑮空行事業自在母：即空行母。

⑯魔女：即鄔摩天女。又譯為本母，如經藏、律藏之母。

二、至尊那若空行母大樂妙道
不共成就儀軌（證得灌頂加持二次第甚深教）

南無格惹貝雜爾達爾瑪雅！

無漏勝樂本尊壇城內，空性戲論總持黑如迦，

憑以勇猛自在歡喜佛，心間赤白菩提樂受用，

悲憫不二本性化身舞，窈窕美女舞姿嬌無力，

供養之於大樂本性中，怨仇有寂怖畏祈誅滅，

供養法侶空行護法眾，隨心任運事業祈成就！

供養六道有情眷屬眾，昏聵魔難現前祈息滅！

示現影像本尊依怙主，受用食物、甘露之精華，

進入心識大樂自性空，奇哉稀有善緣而俱足，

是諸供茶法之增上部，如是懇切善巧之敦請，

惟願吉祥安樂而和合！

悉達.唵.伊達爾瑪.嘿杜紮壩哇.嘿都待卡達塔噶哆.哈雅瓦待.待卡紮月尼茹達.愛旺把底.麻哈夏日阿麻那娑哈。瑪噶拉。

唵阿吽

明現自性佛之法輪中，顏色極紅法生二層內，

法座離垢清淨月輪上，皈依總集上師聖眾處，

資財天界珍寶而俱足，形色精美器皿溢香味，

紅黃光澤而有冰片味，飲用香味俱足內地茗。

供養主尊本續①上師眾，我三門中所諸賜加持！

供養母續瑜伽自在母，祈請引導住空行剎土！

供養靜猛本尊之聖眾，祈請賜與殊勝共悉地！

皈依三寶引導善巧母，佛母金剛宮女常護佑，

四維近處以善緣隨持，幻化無定俱眾多化身，

秘密剎土俱生②眾空行，悲憫所願隨持賜悉地！

特別轉化唯一切濁垢，甚深疾速殊勝之妙道，

空行心要續義海吉祥，全無遮掩善緣莊嚴起。

這裡，勝樂吉祥壇城釋義諸續、闡教，在聖地西藏，成為佛教學者和得道者的至高無上的那若巴尊者，所見佛母尊容示現，得到是諸教言口訣，善巧方便解釋教義。西藏薩迦派憑以父子傳承，十三金法③的內容，在三界法王宗喀巴大師的心中，秘藏著秘而不傳的不共之法，而普遍流傳於那若空行，猶如至尊金剛瑜伽母的不共修法，其修持實踐，通達無阻，以不共瑜伽傳承而善巧修習，安放等等母續合格壇城，隨一四灌頂，四清淨身的種子一定得到。視三昧耶戒如同眼珠，而為精進護持。此之上面，即此信度惹壇城之中而賜加持！清楚

識別甚深內外密咒金剛佛母，而得永久安樂。共與不共口訣親訓諸俱之中，猶如密乘大講解之實行而無失誤。得到之後，猶如在修持的二共次第體相之中，猶如所修及共界中所修次第；首先修習加行、正行、結行三個次第，獨居靜處、一心不亂，唐噶、塑像、三味耶誓言之實物，鈴、鼓、天杖等等俱足。內外密供，朵瑪食子，淨妙會供，安樂之座，面向西方，或面向本尊那若空行母，正行修持次第由後行儀軌④、睡眠、起定、品嘗甘露。無量上師，自己佛生，一切行走瑜伽，空行勇識，出世間佛母賜以加護！口誦默誦二者為一，不可思議瑜伽、威儀瑜伽，如是等等，共十一種瑜伽：第一為睡眠瑜伽⑤，第二為起定瑜伽⑥第三為品嘗甘露瑜伽，眾前而飲。第四為無量上師瑜伽，身俱要點而住，前方虛空，上師喇嘛勝樂二合，歡喜雙運。本續上師、本尊，三教教益，護法聖眾，周匝圍繞，而以自己與一切有情皈依信受，我及行於虛空，一切與共有情眾生，這時能持，乃至菩提道場之中，皈依諸具德上師，皈依等覺.佛.薄伽梵，皈依諸微妙法，皈依僧伽聖眾。如是三皈，而我得證正等正覺，從一切有情輪迴苦難大海得以救度，升入圓覺極樂刹土。因此，而行金剛瑜伽母之道的修持次

第，由如是三次發菩提心，四無量心等，如一切常法而修。而且，雙手合掌，頂禮皈依上師三寶，而白言曰：「由眾尊於我賜與傳承，而祈加護」！觀想前面諸皈依境，化成白，紅、藍三種光明，融入己身，得到身、語、意三門加持，自身剎那化成至尊金剛瑜伽母，內供以四字密咒驅除一切違緣、穢氣、障礙。以「唵卡紮若嘿吽吽」密咒而為驅除，以「索巴哇……」咒而淨業觀空，從空性中，由央（ཡཾ）字生風，讓（རཾ）字生火，阿（ཨཱཿ）字生人頭爐灶，三足之上，在阿（ཨཱཿ）字寬廣顱骨之內，從「唵卡阿紮吽」五字而生五種甘露，從拉，瑪，巴，達，哇五字而生五肉。由彼諸字表示，煽風點火，顱器之內，諸物融化，彼諸之上，吽字而生白色天杖，觀頭下方而融，墮入顱器之下，彼諸器物，色如水銀。此之上方，內部光明三層樓閣和以唵阿吽三字所化光明，從十方如來以及一切空行勇識，瑜伽佛母心間，祈降智能甘露，而起諸多增益，念誦唵阿吽三遍，以之加持。念誦「喀紮若嘿吽吽」而為驅除一切違緣、穢氣、障礙等等。以「索巴哇……」咒而淨業觀空，從空性噶（ཀཾ）字而生顱器諸物之內，吽（ཧཱུཾ）字而生諸種供品，自性而空，種種供品，形色各異，六根作用行處，化為無漏殊勝樂施，念誦「唵阿吽舍，唵哇哈雅阿吽，唵貝雜爾布希阿吽」之後，再誦「唵，貝雜爾夏達阿吽」，二者念誦之間，水受用時，法樂齊鳴，而俱加持。

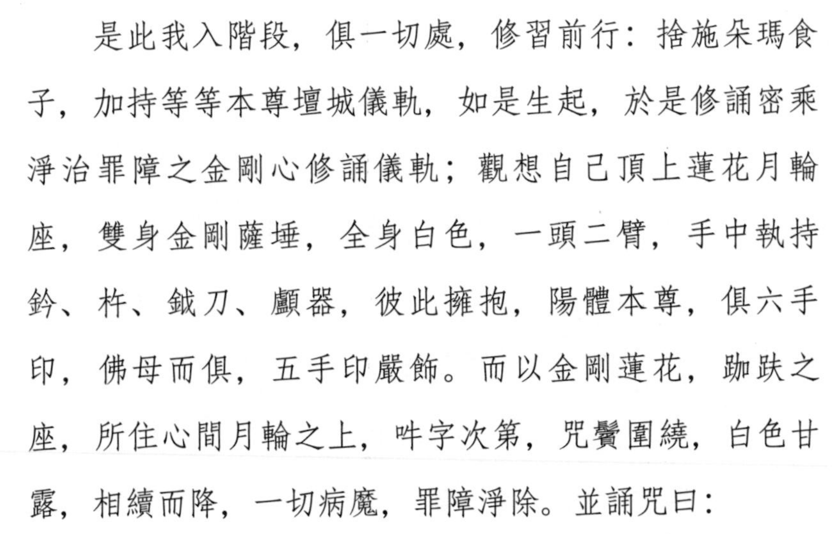

是此我入階段，俱一切處，修習前行：捨施朵瑪食子，加持等等本尊壇城儀軌，如是生起，於是修誦密乘淨治罪障之金剛心修誦儀軌；觀想自己頂上蓮花月輪座，雙身金剛薩埵，全身白色，一頭二臂，手中執持鈴、杵、鉞刀、顱器，彼此擁抱，陽體本尊，俱六手印，佛母而俱，五手印嚴飾。而以金剛蓮花，跏趺之座，所住心間月輪之上，吽字次第，咒鬘圍繞，白色甘露，相續而降，一切病魔，罪障淨除。並誦咒曰：

唵、貝雜爾黑如迦，薩瑪雅，瑪努巴拉雅、黑如迦，德怒巴底拉，知卓麥巴瓦，蘇哆喀約麥巴瓦，蘇波喀約麥巴瓦，阿努日阿哆麥巴瓦，薩爾哇斯底麥紮雅叉，薩爾哇噶爾瑪蘇乍麥，資達烏爾央格惹吽，哈哈哈哈夥，巴噶哇納，貝雜爾黑如迦，瑪麥姆紮，黑如迦巴瓦，瑪哈薩瑪雅薩埵阿吽拍。

如是念誦二十一遍，最終金剛薩埵本尊明妃，歡喜雙運而融已身，觀想自己身、語、意三門與金剛薩埵

身、語、意無二無別。

第五上師瑜伽：觀想前方虛空一切光明無二之智能景象，成就之越量宮四方四門，牌坊嚴飾，俱足盡一切法相，八大獅子向上擎起種種珍寶法座。蓮花日月座上，即彼具德根本上師，金剛法相，全身紅色，一頭二臂，手中執持金剛鈴杵，胸前交叉，披髮長垂，寶冠俱足，雙足金剛跏趺而坐，童顏鶴髮，彩綢、骨飾、珍寶等等，一切嚴飾。左方金剛持之後，根本上師中間之一切傳承上師，法相勇猛，全身紅色，一頭二臂，右手執持樂空手鼓，左手執持顱器。內盛甘露，心間滿盈，右手執持天杖，跏趺而坐，骨飾六事莊嚴[7]，而為飾之，童顏鶴髮，披肩長垂，一切主尊及其眷屬額間唵（ཨོཾ）字，喉間阿（ཨཱཿ）字，心間吽（ཧཱུྃ）字，放射光明。從自性處，上師、本尊、壇城聖眾、諸佛菩薩、空行勇識、護法女眾與俱，念誦：唵貝雜爾，薩瑪紮，紮吽榜火，

觀想各自依處，一切會聚體性，雙手合掌，而作偈言：

一切恩德大樂處，刹那之間成證得，

猶如上師珍寶身，頂禮金剛持足蓮！

如是頂禮畢，觀想自己心際，由戲論供之眾天女而

作供養，並誦咒曰：

嗡阿噶木紮底叉娑哈。

嗡巴雅布底叉娑哈。

嗡貝雜爾布希阿吽娑哈，

如是鮮花，熏香、燈、妙香、威德法樂等諸入，並誦咒曰：

嗡.阿.貝雜爾阿德日夏吽。嗡.阿.貝雜爾威尼吽。

嗡.阿.貝雜爾巴爾夏吽。

嗡.阿.貝雜爾幹達吽。嗡.阿.貝雜爾熱賽吽。嗡.阿.貝雜爾巴爾夏吽。

嗡.阿.貝雜爾達爾瑪吽。

如是而諸外供。並誦咒曰：

嗡.格惹貝雜爾達爾瑪，薩巴惹哇日阿.嗡阿吽。如是而作內供。

觀想從已心際蓮花彙集之明妃，諸無量戲論，化為金色瑜伽佛母之身，以及上師雙身等至⑧，以無漏樂，而遍觀想。可愛韶華，所持吉祥六十四技藝⑨，巧妙絕倫，窈窕之女，剎生、咒生、俱生使者聖眾，技藝微妙，是諸手印，而作供養，是為密供。供之三輪樂空無二之數，能記憶中，遠離障疑，俱生極樂大智，在一切法戲論中，無二無別，任運成就，而為言說。從心口生起，發勝義菩提心，呈獻與您。並白言說：「是我皈依佛、法、僧三寶」。諸如是等，不斷懺悔罪業；

於是積集古沙利資糧⑩」：唯有自心空行母手指，

指端示現根本之上師，而面雙運復次外現出，

自生人頭三腳灶之上，身體中心取出顱器掛，

此內遺余是諸血肉骨，以月所見宰割之堆積，

修證一滴甘露化大海。

誦持咒曰：唵阿吽哈火捨，（念誦三遍，以之加持）。觀想從心際，佛母所持顱器，無量戲論，從顱器之內，甘露翻騰，舀出呈獻，是諸怙主，由主尊光明之管引導，而呈獻供，並啟白曰：

四身自性根本上師中，化成歡喜聖物山呈獻。

對七根本上師要供養七次：

唵阿吽

悉地生處傳承上師中，化成歡喜聖物我呈獻。

唵阿吽

上師本尊三寶護法眾，化成歡喜聖物我呈獻。

唵阿吽

原始所依住處宮城主，化成歡喜聖物我呈獻。

唵阿吽

六趣中有一切有情中，化成歡喜聖物我呈獻。

唵阿吽

因供眾賓無漏樂滿足，有情眾生離障證法身，

供養三輪心口而如一，化為樂空不二之體性。

供曼札儀軌如下；

念誦咒曰：唵貝雜爾布莫阿吽。之後作供於諸具德上師。在悲憫有情眾生之義中，而作祈清，賜以加持。從樂空俱生智能之種種能持蘊界生處而生起之山洲、珍寶藏瓶，日月而俱，供養依怙悲憫之藏。使自己貪、瞋、癡生處，親怨之中，三身、受用身俱，憑以不惜供養，而善享用。三毒自處解脫之中而賜加持。並誦咒曰：唉達格惹日阿納曼札拉噶尼雅達雅莫。於是祈請上師傳承：

證覺大海部主金剛法，至尊佛母金剛瑜伽母，

上首弟子那若巴尊者，祈請降臨俱生賜智慧！

所持密乘教言帕唐巴，成為一切空藏集智慧，

菘臨密咒大海女主處，祈請降臨俱生賜智慧！

金剛持主薩迦大導師，金剛聖徒索朗則摩⑫尊，

金剛持之寶頂諸尊者，祈請降臨俱生賜智慧

薩迦本欽⑬西藏智尊者，三界九生寶頂尊勝相，
薩迦導師香頓曲吉尊，祈請降臨俱生賜智慧！
成就自在納薩紮波巴⑭，證果善巧導航大法主，
悉地耳傳主宰雅隆巴⑮，祈請降臨俱生賜智慧！
自他有情眾生依怙主，大德文殊師利虛空相，
大德法王智能勝幢尊，祈請降臨俱生賜智慧！
殊勝大德堅贊多仁巴，依教成就上師洛薩旺，
噶舉密乘大論師欽則，祈請降臨俱生賜智慧！
守護明密咒三學勝幢，一切部主旺旭熱旦巴，
密乘主尊至怙噶舉巴，祈請降臨俱生賜智慧！
壇城大海遍主夏魯巴⑯，一切壇城之主智慧尊，
壇城輪主莫日欽尊者，祈請降臨俱生賜智慧！
耳傳大海商主賴薩哇，耳傳主宰珠薩平措眾，
耳傳增上旦增赤列尊，祈請降臨俱生賜智慧。
噶丹權力主宰噶舉巴，噶丹興盛濁世有情眷，
噶丹教義福德妙賢尊，祈請降臨俱生賜智慧！
一切顯密經典圓滿義，顯密經典妙慧弘揚者，
顯密經典弘法無畏尊，祈請降臨俱生賜智慧！
那若空行熟解道妙義，在那若巴賢首教言中，
那若加持根本上師中，祈請降臨俱生賜智慧！

生起次第深空行瑜伽，圓滿次第瑜伽加持力，

生起大樂俱生之智能，加持證得空行勝果位！

以四灌頂而加持：

一切依處總集於上師，祈請降臨賜與大加持！

由四灌頂圓滿而摧喚，祈請賜與四身聖果位！

（如果持誦三遍而作祈請）

從上師眉間唵（ཨོཾ）字，放出白色光明甘露，融入自已眉間，消除身之一切罪障，而得寶瓶灌頂，進入上師身加持。從上師喉間阿（ཨཱཿ）字，放出紅色光明甘露，融入自已之喉，消除語之一切罪障，得密咒灌頂，而入上師語加持。從上師心間吽（ཧཱུྃཿ）字，放出藍色光明甘露，融入已之心間，消除一切意之罪障，而得智慧灌頂，入上師意加持。從上師三處字種，放出白、紅、藍三色光明甘露，融入已之三處身、語、意中，一切罪障，得四灌頂中珍寶句義灌頂，由上師身、語、意之加持力，而入已之身、語、意。（自已如是作觀，取四灌頂不共之法，觀容顏而可知之）。

復次祈請一切三世諸佛之體性上師，祈請降臨給已傳承而賜加持。以如是祈，融入周匝圍繞之諸傳承上師中的根本上師，因根本上師亦復對已悲憫，融入紅色光

明之相，從已頂門而入，心間紅色榜（བཾ）字之相變化，融入自心，無二無別。

第六、生起自性佛瑜伽：

自性榜（བཾ）字開始變大，成虛空盡，化為一切情器世間樂空自性，復次從虛空盡，次第彙集，化為極微小榜（བ）字，次第隱沒。那達[17]之中，亦復化為不可得之樂空無別法身，並誦咒曰：唵寫.爾雅達嘉納貝雜爾，索巴哇，阿麻果娘夥，（如是法身熄滅而轉為道用[18]））。如是從一切相彙集之空性，是體相自己心識樂空不二智的所了相[19]，使之變成住於紅色榜（བཾ）字之上而立的虛空相。（如是中有受用身而轉為道用），從空性稀有驚歎之紅色三角形法基二層之內，俱大稀有，白色月壇城中，紅色光彩之上，密咒「唵唵薩爾哇，布達紮格尼，貝雜爾哇爾納尼，伊貝雜爾白若雜尼，伊吽吽吽拍拍娑哈。」從右向左旋轉而住，由已虛空榜（བཾ）字，所見月中，受生之引與俱，進入月中，月中榜（བཾ）字，密咒鬘俱，放射光明，能作生死涅盤之盡一切情器世間，至尊瑜伽佛母自性。是諸一切，在此彙集，化為所有一切，融入榜（བཾ）字，咒鬘與俱，能依所依壇城，一時圓滿。（如是生出化身，轉為道用）。

復次金剛地基經院，霓虹宮，華蓋俱足之外，五色火堆，從左向右旋轉熾燃，此內彙集暴虐八大寒林。環繞之中，在紅色三角形法基二層之大蛇冠上方，插入尖端精緻之箸，在前後隔開的四方形中，淡紅色喜旋卐字，從左向右，一一旋轉。在三角形法基之內，種種蓮花，八葉之臍。日壇城上，化為自性金剛瑜伽母身，右足伸開，遮隱紅色之乳，左足蜷曲，所見壞劫邪惡之背，而作鎮壓。全身色紅，如同劫火威光，一頭二臂，三目清淨，遙視所見一切空行，左手所執金剛標識，堰月彎刀，向下而伸，右手所執，盛血顱器，內中滿溢，俯首而祈。左肩之上，金剛標識天杖、手鼓、法鈴，懸三股幡，如是而持。黑髮散亂，蓬鬆而披，遮蔽腰身以上，雄姿英發，韶華正茂，愛欲乳峰，豐滿而聳，樂生姿態，五骷髏寶冠頭飾，五十骷髏瓔珞項飾，媚麗美女，體裸身赤，五手印莊嚴，入智能火，熾燃之中。

第七眾生清淨瑜珈：

於已心際，紅色三角形法基，二層之內，月壇城中央，由榜（ཝཾ）字咒鬘環繞，光明照耀，從毛孔而出，照耀六趣盡一切有情，使之罪障、習氣等等除淨，是諸一切，化為金剛瑜伽母之身。

第八，空行勇識，空行母所賜三加持：

（一）加持身壇城：從已心際，法基月輪法座俱足之中央榜（བཾ）字四大自性而分開的四大種子：央（ཡཾ）讓（རཾ）朗（ལཾ）哇（ཝཾ）四字，從心際心脈輪中的南支脈中，為總集四方面脈瓣的自性中，化為一切所依，從左而起，各自名曰：溫柔女、仕女、有色女、空行女等四種。中央榜（བཾ）字之月隨音點[20]，或半月形明點，音聲俱足，極為微小之種子（精血）雙運的體性（至尊金剛瑜伽母）。此之外層，身的髮際、頂門等等之四鄰接，根處不分（發不分披之義）至牙齒、指甲等等的四鄰接處、根處體性無別生起，所依從右向左旋轉處的唵唵等密咒字種四鄰接的體性中，化為一切所依；忿怒女、怒目女、金曜女，大鼻女、勇慧女，卡哇惹、楞伽自在女、樹蔭女。心部八大空行母：護地女、大威德女、風力女、飲酒女、前清淨天女、妙善女、馬耳女、鳥顏女。語部八天女：輪慈女，煙生女，酌酒女、輪鎧女、勇猛女、大力女、神通女、大精進女。身部八大空行母，是諸變化。外部沙洲，山羊彙集之處，四鄰近邊，勇識無二之瑜伽佛母本身，從口中彙集之八門脈管諸處，吽吽彙集之八字種，體性不二，一切化為：鷹面女、狗面女、豬面女、閻羅旦瑪女、閻羅女僕、閻羅獠牙女、閻羅摧壞女等等。是為至尊瑜伽佛母身的所有相的所飾及形式。（這裡在義理之不共深義的究竟口訣諸古文中，從唯一種子，從所依不露上師之面的口訣中，因以極懂極樂莊嚴珍惜攝受）。

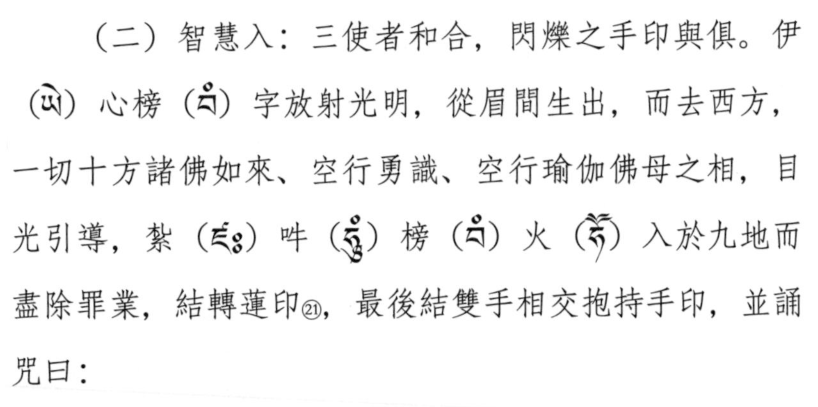

（二）智慧入：三使者和合，閃爍之手印與俱。伊（ཡི）心榜（བཾ）字放射光明，從眉間生出，而去西方，一切十方諸佛如來、空行勇識、空行瑜伽佛母之相，目光引導，紮（ཛཿ）吽（ཧཱུྃ）榜（བཾ）火（ཧོ）入於九地而盡除罪業，結轉蓮印㉑，最後結雙手相交抱持手印，並誦咒曰：

唵.約噶悉達.薩爾哇達爾瑪約噶悉嘟娘哈。一切法相諸淨瑜伽，本身我慢㉒。

（三）披甲：已之諸處，月壇城上，是諸變化；臍中唵（ཨོཾ）榜（བཾ）二字，為紅色金剛亥母。心間杭（ཧཾ）瑜（ཡོཾ），為藍色閻羅母。口中捨（ཧྲཱིཿ）母（མཾ）二字，為白色愚癡母。額間捨（ཧྲཱིཿ）捨（ཧྲཱིཿ）二字，為黃色守護母。頂門吽（ཧཱུྃཿ）吽（ཧཱུྃ）二字，為綠色忿怒母。所有肢體，拍（ཕཊ）拍（ཕཊ）二字，為栗色猛厲火體性㉓。於是灌頂，融為一體。自身榜（བཾ）字，放射

光明，迎請灌頂本尊吉祥壇城，總攝廣義能依、所依壇城，由一切如來現前入座灌頂，其如所祈：

以八方隅之驅魔㉔，

以諸勇識說吉祥，

以諸佛母頌金剛，

以色金剛母供養，

怙主灌頂勝密意。

四金剛亥母與俱，所持寶瓶，甘露充溢，從頂門而灌，猶如一切諸佛獻浴，以之外浴濯淨五肢，內浴淨治，根本之墮，秘密之浴，除治有相尋思，本尊寶瓶，清淨之水，由已洗濯而誦咒曰：

唵，薩爾哇達塔噶達，阿布寫噶達，薩瑪雅寫耶吽。

如是灌頂，全身遍滿，一切垢除。水的存留，頂門之處，一切變化，示現光明。黑如迦佛母，戴寶冠頭飾（如是而言，自入㉕過程之中，自生㉖之供而作加持）。於是，從已心間，以戲論供養是諸佛母，並誦咒曰：

唵　阿爾哈紮底叉娑哈。唵　巴達雅布底叉娑哈。

唵　貝雜爾布寫阿吽娑哈。

如是開啟之處，煙火、燈、檀香、威德法樂等諸種安置，並誦咒曰：

唵　阿　貝雜爾阿達惹夏吽。唵　阿　貝雜爾咱尼唵。

唵　阿　貝雜爾幹達吽。

如是之中，顏色之吧熱希，德爾美諸種安置的外供，並誦咒曰：

唵唵唵薩爾哇布達紮格尼耶，貝雜爾哇爾納尼耶，貝雜爾白若乍尼耶，吽吽吽拍拍娑哈。唵阿吽。此為內供均入化為以自性金剛瑜伽母及天杖總懾輪（本尊勝樂金剛），由金剛瑜伽母化生雙身樂空，而為密供。

自性金剛母明現，乳之斷除記心間，

噶格拉[27]中清淨處，兩邊鈴聲是無垢，

花蕊心中唯變化，大樂黑如迦色身，

密乘金剛瑜伽母，空行眾會成自性。

從父部密處不可得心性白色吽字而生白色五股金剛杵，以紅色（ཏྲཱ）字而生紅色摩尼寶頂，以黃色夏（ཤྲཱ）字而為裝飾。從母部密處不可得之心性阿（ཨཱཿ）字而生三葉紅蓮，從白色達雅[28]（དྱཱ）字而生白菩提心裝飾的白色之臍，臍頂而生以黃色達雅（དྱཱ）字裝飾，並誦咒曰：

唵.寫以瑪哈索卡.貝雜爾黑如迦，阿吽吽拍娑哈。

由子母大樂雙運而入三摩缽底，從頂門溶於菩提心中，到達喉間，感受大樂境界，從喉到心際上樂，從心際到臍而達殊勝樂，從臍到達摩尼之端，而生出俱生聖智[28]，而入三摩缽底樂空無別的等持定。以如是樂空不二和合供的三輪自性，空性唯在大樂智供之中，專心等持之密，以大樂智供，化為喜供。（如是以我住慢[29]，是為黑如迦佛母，化為瑞相，呈獻密供和大樂智供）。復次觀想自己化為至尊金剛瑜伽母，於是讚頌，而作咒曰：

唵.南無巴噶瓦底.貝雜爾瓦日阿.黑榜吽吽拍。

唵.南無阿日雅.阿巴爾資底.知洛嘉瑪底百遮夏若吽吽拍。

唵.南無薩爾哇.布達巴雅.巴哈瑪哈貝雜爾吽吽拍。

唵.南無巴爾瑪尼.肖夏尼.若夏尼.卓底噶日阿勒尼吽吽拍。

唵.南瑪達薩尼.瑪日阿尼.紮拜達尼.巴日阿乍耶吽吽拍。

唵.南無白乍耶.乍巴尼.姆哈尼吽吽拍。

唵.南無貝雜爾.哇日阿黑瑪哈約噶尼.噶瑪夏若卡格吽吽拍。

（如是為佛母八部密供）。

第九，口誦和默誦的二瑜伽：

（一）口誦：觀想從已心間紅色三角形法基二層之內，月壇城中，由紅色榜（བཾ）字咒鬘，由右向左旋轉，放射無量紅色光明，淨除盡一切有情罪障，供一切諸佛。此諸一切加持之力紅色光明示現，而為迎請，融入榜（བཾ）字咒鬘，以賜加持。並誦咒曰：

唵.唵.唵.薩爾哇布達棨格尼耶.貝雜爾哇爾那尼耶.貝雜爾拜若乍尼耶.吽吽吽，拍拍拍娑哈。（猶如繼續設誓，略後念誦）。

（二）默誦：身俱要點，觀想心間三角形法基，字種與俱，證得樂生，證得密處無分別生起，風息和合而降於臍，住於由心間咒鬘從右向左旋轉，唯默誦三遍、五遍、七遍等等均可。從彼法基，前後隔絕的四隅之中。意樂匯聚，淺紅之色。，從右向左旋轉，中央殊勝榜（བཾ）字音聲，火熾燃中，次第專注而能持風。於是從中脈上下二端，紅白之色，意樂彙集，唯每一字種，從右向左旋轉。如是生起，融入心際，空性隱沒之樂空道等引，而心住定。

第十：二種不可思議瑜伽：

（一）不共不可思議瑜伽：由上師親傳秘訣而修。

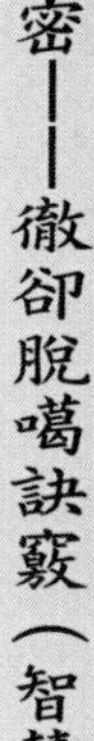

（從略）

（二）共不可思議瑜伽：觀想自己心際榜（བཾ）字，咒鬘與俱，放射光明，遍照盡一切三界範圍，以無色界藍色光明之相，隱沒入身的上部，以色界紅色光明之相，隱沒入身的中部，以欲界白色光明之相，隱沒入身的下部，自已亦從身之上下，如其次第，融入光明，隱沒入法基，隱沒於月輪、字種，隱沒入咒鬘，隱沒入榜（བཾ）字，隱沒入榜（བཾ）字之首，隱沒入象徵月牙的形狀，隱沒入明點，隱沒入音聲，復次隱沒入越變越小的空性光明。身體中間修習之時，隱沒入象徵月牙的形狀，隱沒入瑜伽佛母二牙，隱沒入四瑜伽母。復從主尊佛母身之上下次第隱沒入光明，隱沒入法基，隱沒入月牙，如是等等。

第十一，威儀瑜伽：

（一）觀想從空自性剎那化成至尊金剛瑜伽佛母諸處。月壇城上，臍間唵（ཨོཾ）榜（བཾ）二字為紅色金剛亥母，心間杭（ཧཾ）約（ཡོཾ）二字為藍色閻羅母，口中捨（ཧྲཱིཿ）姆（མོཾ）二字為白色愚癡母，額間捨（ཧྲཱིཿ）捨（ཧྲཱིཿ）二字為黃色能動母，頂門吽（ཧཱུྃཿ）吽（ཧཱུྃཿ）二字為綠色忿怒母，一切肢體拍（ཕཊ）拍（ཕཊ）二字栗色，為孜紮迦㉚之諸體相，如是而修披甲，並誦咒曰：

唵.索巴尼索巴吽吽拍。唵.知哈納知哈納吽吽拍。唵.知哈納.巴雅.知哈納.巴雅吽吽拍。唵阿那雅.夥巴噶哇那.貝雜爾吽吽拍。

（如是持誦三遍，以作威猛護佑）。

（二）依共事業次第：三體形瑜伽，向左儀態，外供在初十日，其它諸如臥、立、洗浴、吃、穿之前瑜伽等等講解，而生觀修。朵瑪施食瑜伽，如同供時手持朵瑪食子陳列中，誦以咒曰：

唵.卡紮若黑呼吽拍。而作煙供，以驅除魔障，念誦咒曰：「索巴哇……」以淨除晦氣，從空性嚐（ཀཾ）字顱器等諸器內，從吽（ཧཱུྃཿ）字諸種實物供品，自性而空，種種供品形態，在六根作用之所行處，化為無量樂的殊勝施。從念誦：「唵，阿爾噶阿吽」至「夏達阿吽」之間，而加持供品，並誦：「唵，阿卡紮若黑」以淨供品。念誦：「索巴哇……。」以淨三業，從空性央（ཡཾ）字而生風息，從讓（རཾ）字而生火，從阿（ཨཱཿ）字而生人頭三角架之上，從阿（ཨཱཿ）字廣大顱器之內。從唵（ཨོཾ）康（ཁཾ）阿（ཨཱཿ）紮（ཏྲཾ），吽（ཧཱུྃཿ）諸字而生五甘露，從朗（ལཾ）瑪（མཾ）榜（པཾ）達（ཏཾ）巴（བཾ）諸

字而生五肉。以上諸字莊嚴所飾，風動火熾，顱器之內諸物融化。是諸之上，吽字而生，白色天杖，所見兩端融化，而墮入顱器。以上所供諸物，化為水銀之色。此之上方，所依子音母音㉚三重咒鬘，周匝圍繞，由唵阿吽化成之光，從十方一切諸佛如來，空行勇識及盡所有瑜伽佛母之意，調集添加智慧甘露，諸多增廣。（念誦唵阿吽三遍，以作加持）。

從金剛持密嚴刹土，至尊金剛瑜珈佛母之中，上師、本尊，諸佛、菩薩、空行勇識、世間護法聖眾環繞，迎諸於前方虛空。諸種音聲，宣示之中，從吽字生起三股金剛杵，行書字種，外形光明，禮儀朵瑪，食子精華，而作呈獻。並誦咒曰：

唵.貝雜爾阿日阿勒夥.紮吽榜夥.貝雜爾紮格尼，薩瑪雅，達遮夏雅夥，（以上咒語念誦三至七遍而供。）並誦以下咒語三遞，以供世間空行聖眾：

唵.卡卡.卡黑卡黑.薩爾哇雅恰.日阿恰薩.布達.遮達.拜恰乍.烏瑪達.阿拜瑪日阿.貝雜爾紮噶紮格納雅..達雅唉瑪巴里智那嘟..薩瑪雅惹恰嘟.瑪瑪薩爾哇斯地梅紮雅叉嘟.雅泰巴.雅泰叉.布乍塔.拜巴塔.資紮塔.瑪底紮瑪塔.瑪瑪薩爾哇噶爾達雅.薩達索卡拜希達耶.薩哈伊噶巴哇嘟.吽吽

拍拍娑哈。

（以下咒為之密供：）

唵.貝雜爾約噶尼.薩尼惹.哇日阿阿爾噶.巴達雅.喀白.都拜.阿洛格.噶底.尼威達雅.夏巴達阿吽。

以誦唵阿吽而作內供。

頌贊施供朵瑪食子：

具德金剛空行母，空行母之輪轉動，

俱五智能證三身，頂禮護持有情眾。

所有金剛空行母，斷決妄分別糾纏，

世間修行於經院，頂禮此諸盡所有。

佛無量之樂空舞，有寂眼障一切生，

面前空行如意母，心念抱持戲護佑。

密嚴刹土俱生母，四邊刹生紮格母㉜，

遍持珍寶事業母㉝我之勝依至尊母。

已心性空自妙力，金剛宮城現智榜（བཾ），

幻化洲中羅刹女，笑顏逐開現風華。

我何故尋找佛母，真實悉地不證得，

戲論苦行心如童，憑依離戲茅蓬憩。

奇哉從空行界立，黑如迦續㉞大法王，

金剛佛母珍寶藏，念誦成就講諦護㉟。

唵遮拜夏密林中，成就自在金剛鈴，

隨護相擁和合樂，護勝和合我如幻。

恒河洲尊不虛妄，現前虛空內引導，

如持具德那若巴，導至空行華麗宮。

根本傳承師慈悲，續於密際深速道，

清淨瑜伽力意樂，空行嬉女現笑顏。

（如是所見空行善顏祈願）。

祈請至尊金剛瑜伽佛母，對我及一切有情眾生，而作清淨空行接引，祈請賜與世間及超越世間之無餘悉地。（如是祈請能修會供壇城）並誦咒曰；唵阿吽哈夥捨（三遍）。從吽字密嚴剎土大樂清淨宮，從毗盧遮那佛之心變化，是大神力，一切護法主尊金剛宮中，具德怙主在此。如是供施朵瑪食子：

彙集一切閻羅宮，世間無邊之聖處，

欲界主尊奎宿母㊱，吉祥天母供食子。

萬物生處之壇城，遍有寂之大佛母，

護持密乘猛厲母，天母空行大主尊。

供施食子獨髻母，清涼苑狂笑寒林，

錫蘭島岡底斯山，冰谷地及小石堡。

護剎主尊施食子，八大屍林南山塢，

金剛座威德無邊，草山頂吉祥薩迦。

施供怙主瑜伽母，東北土地頂屍林，

印度墳地紅石山，冰谷岩等殊勝苑。

夜叉兄妹中供施，特別鄔金空行處，

從自性處及世間，命終空行環屍林。

旋供已之父母中，祈供諸佛護法眾！

依修上師教言護，摧喚瑜伽眾戰神。

匆匆之狀而施供，血肉塗飾供食子，

祭品藥酒飲血供，大鼓骨號㊲供樂聲。

黑幡大力雲蔽供，動心供品㊳諸多㊴供，

英姿妙音吼聲供，您護佑佛教尊嚴。

三寶威儀你頌持，上師事業你增廣，

瑜伽囑託你當復。

於是念誦黑如迦百字明咒：

唵.貝雜爾黑如迦.薩瑪雅.瑪努巴拉雅.黑如迦底努巴底叉.智卓麥巴哇.蘇多喀約麥巴哇.蘇波喀約麥巴哇.阿努日阿哆麥巴哇.薩爾哇斯地麥紮雅叉，薩爾哇噶爾瑪蘇乍麥.資達寫爾雅格惹吽.哈哈哈哈㕶.巴噶瓦納.貝雜爾黑如迦瑪麥母紮.黑如迦巴哇.瑪哈薩瑪雅.薩埵阿吽拍。

不得所有亦不知，任何作用也是非，

這裡一切之所行，此諸一切你原諒。

（如是等等歉語）。

唵.貝雜爾母。諸智能食客，融於已身，是諸世間，返回原位，並頌祈願：

吾願通過世善行，修成空行勇識果，

一覽無餘齊出生，普遍度至菩薩地。

臨終怙主勇識母，華蓋勝幢之所持，

悅耳法樂動聽供，接引而去空行處。

真實天母苻誓願，殊勝之量以此言，

一切真實諸天母，唯願我等去隨行。

（如是祈願，歡喜受用之時，繼之而祈）：

暇滿㊵大舟無常㊶念，白色飛幡動業果㊷，

取捨等同風摧勵，從怖畏輪海㊸救度。

真實至上㊹皈處依，進入眾母㊺廣義藏，

金剛甘露淨罪垢㊻，唯願上師垂加護！

外貌如意瑜伽母，榜（བཾ）內金剛佛母尊，

心性空明空行母，所觀顏面㊼之淨化。

情世唉（ཨེ）字無量宮，情世眾生榜（བཾ）字種㊽，

大樂雙運之禪定，唯願一切觀明淨。

如是方向月瑜伽，一旦嬉女色珊瑚，

散披黃髻光影女，願引真實持明宮。

黃色標幟燈心俱，屍林修行遍境中，

尋其白毫蜷曲紋，往生美女空行引。

內亥母二取藤慢，進入妙端之舞女，

從梵行門至虛空，飲血勇識嬉抱持。

臍間紅蓮五風額㊾一心修雙運㊿瑜伽，

身心妙力風息入，勝樂自相續滿足。

尋常光明猛厲女，持女笑顏之嬉戲，

哈（ཧཾ）字童子遍溫柔，大樂雙運之處得。

臍三脈處暗紅讓（ཪཾ），上下風息淨光燃，

成千二利㊿¹熾濁種，純淨美妙皆充滿。

眉間五色明點俱，到頂門生水月流，

密乘蓮花蕊中淨，上降下固㊿²四喜㊿³足。

從此明點放五彩，照耀自動靜世間㊿⁴，

亦化澄淨彩虹堆，願入自處樂空界。

生，滅、住、離本性初，空明離言本有態，

雙運意外瑜加母，自知常常唯護持。

風脈明點唉（ཨེ）瓦（ཝཾ）內，無數色身無量化，

願護虛空眾無邊，稀有徒俱佛加持。

緣起真實之不虛，吾之意樂清淨力，

願成清淨祈遍處。

（如是金剛持所行祈道而竟）

說吉祥：

圓滿妙善俱吉祥，金剛持主雅龍巴㊺，

具德上師諸勝會，入速加持願吉祥。

佛母智能到彼岸，自性光明初離戲，

動靜遍實喜聚女㊻，空行法身願吉祥。

光照相好英姿身，六十妙音誦上乘，

五智樂光無別意㊼，俱生報圓身㊽吉祥。

種種刹中妙色身，種種妙法義調伏，

依種種心修行女，刹土化身願吉祥。

色同映紅㊾至尊母，靜猛相一頭二臂，

月刀妙持足伸屈，咒生空行願吉祥。

您的化身相千萬，一千七十二聖眾，

行者一切除道障，唯願成就賜吉祥。

以如是慈悲妙法，齊誦之中，受用增長緣起，而說吉祥之盡莊嚴。

日月道中波動界，羅喉睡醒之本性，

大樂嬉戲宴生起，修持深訣甘露藏。

如是稱曰：至尊金剛瑜伽母那若空行不共修法大樂

妙道，這是一切所修瑜伽之隨瑜伽，在分段念誦，修持之時，在熟練善巧修持次第中，與壇城修供儀軌銜接之時，與壇城儀軌合併而修之差別：

唯修勝樂根本續，服飾五手印俱足，
智能支分火焰帳，阿裡噶裡誦如是。
空性前行等基礎，彙集音聲而進入，
乃至彙集加行等，甘露滿足苦厄離。
手之供養授灌頂，明盔利甲護真實，
一切密咒作供養。

如是十四本性⑥⓪，簡而言之，而作現見解脫⑥①之鑰匙：

前、正、後行三要中，共與不共而之共，
暇滿難得無常果，輪迴之誤境不同，
心皈上師瑜伽引，正行生圓⑥②生起時，
所修能修後世智，二種我慢之相中，
總持分支身壇記，圓滿次第基道果。
第二本性親傳教，最終欲、離欲二種，
修大樂是修空性，第三果七分支俱，
不可思議教法匯。

（如是而言，饒益有情眾生）。

法施無盡之修持，是法信受成任運，

持明佛母眾生主，空行佛母唯隨持！

譯竟於二OO三年元月二十日。

注釋

①本續：金剛乘中，主要論述幻身或現分方便生起次第的經典。

②俱生：密法之中先由師長曉示第三灌頂之智於何時生，次於傳灌頂時，由依明妃，於摩尼中持菩提心，息滅粗動二取分別，憶其正見。說此念住正見之智名曰俱生。

③十三金法：指拉巴薩迦派不許傳出寺院牆外的十三種密法：三空行，三大紅、三小紅、長壽金剛母、紅財神、獅面佛面和黑文殊，總為十三。

④後行儀軌：又名壇場後得位儀軌，為補救修行儀軌缺餘過失及令本尊悅愉而行息、增護摩、為供贊壇場及護方諸神而獻食子，頂敬壇場而祈請寬恕，送往智尊，自懾誓尊而粉灑入河，迴向善行，歌詠吉祥以行結尾。

⑤睡眠瑜伽：分夜間為三分，前後兩分不眠，中間一分作獅子臥姿入睡，若在密乘，則指在光明空性之中入睡。

⑥起定瑜伽：密宗行者下座時，觀想本尊勸請起座而後出定。

⑦六事莊嚴：指密宗修持者服用的骨冠、骨項鍊、骨耳墜，骨釧鐲、骨腋洛和骨腰帶等六種服飾。

⑧等至：梵音澤作三摩鉢底，靜慮所懾身內大種，心及心所，於所緣境平等安和心一境相之相。

⑨六十四技藝：印度古代流行的有藝朮性的技能；屬於文化體育等技藝的三十種，屬於演唱、器樂的十八種，屬於聲樂的七種，屬於舞蹈的九種，共六十四種，又一注釋為六十四種房中朮。擁抱等屬於

男女風情的六十四種姿態。

⑩古沙利資糧：藏傳佛教修斷行者施捨自己肉體以積聚福德資糧的法行。

⑪聖物：經過誦咒加持的器物或藥物。

⑫索朗則摩：（西元1142——1182）譯言福頂，薩欽，貢噶凝波之第二子，久從桑溥寺恰巴，卻吉僧格學習中觀、般若，繼薩欽主持薩迦寺，弘興道果論教法，被奉為薩迦五祖之第二祖。

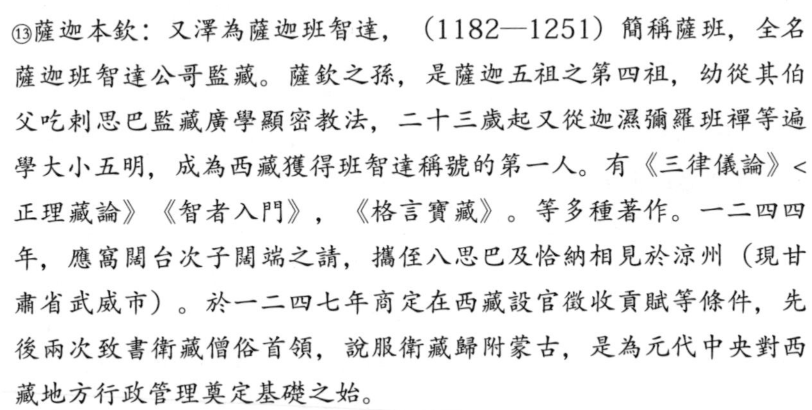

⑬薩迦本欽：又澤為薩迦班智達，（1182—1251）簡稱薩班，全名薩迦班智達公哥監藏。薩欽之孫，是薩迦五祖之第四祖，幼從其伯父吃剌思巴監藏廣學顯密教法，二十三歲起又從迦濕彌羅班禪等遍學大小五明，成為西藏獲得班智達稱號的第一人。有《三律儀論》<正理藏論》《智者入門》，《格言寶藏》。等多種著作。一二四四年，應窩闊台次子闊端之請，攜侄八思巴及恰納相見於涼州（現甘肅省武威市）。於一二四七年商定在西藏設官徵收貢賦等條件，先後兩次致書衛藏僧俗首領，說服衛藏歸附蒙古，是為元代中央對西藏地方行政管理奠定基礎之始。

⑭納薩紮波巴：指居住石窟者之義。

⑮雅隆巴：又名雅拉香波上師，雅拉香波是山南地區窮結縣境之一雪山，佛教徒視為神山。

⑯夏魯巴：元代布敦仁欽竹住後藏夏魯寺傳出的藏傳佛教宗派。

⑰那達：梵語，如頭髮之端百千分之一，為超越諸色之義。

⑱轉為道用：指轉煩惱等現分事物以為道用的教言。

⑲所了相：所取之相，心識面向外境生成所取外境之相狀，如眼識等一切了別外境之識。

⑳月隨音點：寫於梵文字頂以表鼻音韻隨的符號。

㉑轉蓮印：雙手旋轉指掌的手印。

㉒本身我慢：近取蘊上，本無真我及真我所，顛倒以為有我，我所，從而生起虛妄高舉之心。

㉓猛厲火體性：猛厲火共分為三，體性猛厲火，又名外猛厲火，諸法

自性空，另有內猛厲火，臍輪短阿字，密猛厲火，一切深妙空性與極無變化大樂雙運和合。

㉔驅魔：密乘修壇、灌頂之初，行者自起佛慢，放出忿怒明王會眾，對諸障礙修習密宗道場的一切邪魔施放朵瑪食子，驅往遠方。

㉕自入：密乘行者為他人灌頂之先，金剛阿闍黎自己進入智慧壇場之中，觀自我與本尊身、語、意，功德、事業無二無別，接受灌頂，取得允許弟子進入壇場之權，有時又譯為我入。

㉖自生：密乘行者自身現為本尊以進行本尊瑜枷念誦和收懾等程式。

㉗噶格拉：指蓮花方便之中。

㉘俱生聖智：佛教密宗經典中說，修習密宗教法達到一定程度，得到第一級圓滿次第時，身體中脈裡的風、穴、關三者即會得到喜樂，此喜樂能證悟空性，故稱之為「俱生聖智」。

㉙以我住慢：修密法之人自此等同佛與本尊的一種驕慢意念，《金剛頂經>說住慢如云：「我即金剛持，我即金剛薩捶，我即佛大王，我即大力金剛，我即瑜伽自在……終不捨加持」。

㉚孜紮迦：梵語、火輪或護心之義。

㉛子音母音：指藏文四母音和輔音。

㉜紮格母：空行母之義。

㉝事業母：事業手印母，梵文為噶瑪姆紮母。

㉞黑如迦續：指威德傳承主義。

㉟諦護：講解真實而得護持。

㊱奎宿：二十八宿之一。

㊲骨號：人脛骨號筒，密宗樂器之一。

㊳動心供品：指陳列在護法殿中作為祭品的野獸軀殼和武器等物。

㊴諸多：此處指等量虛空之義。

㊵暇滿：指八有暇和十圓滿。

㊶無常：指自身刹那遷流。

㊷動業果：善惡因果猶如身影相隨。

㊸輪海：指輪迴之海，

㊹至上：當作最珍貴的如意法寶。

㊺眾母：有情之母。

㊻金剛甘露淨罪垢：此句指依金剛心修誦而淨治罪障。

㊼所現顏面：指自性法身。

㊽榜字種：指榜（བྃ）字種之瑜伽字。

㊾五風額：指五風息之額頭。

㊿雙運：此處指大樂和合。

51二利：指自利和他利。

52上降下固：無上密乘中，菩提周天迴圈，自頂至隱，從上順行頂名為上降，自隱經歷臍等四處，從下逆行，名為下固。

53四喜：即上降四喜：密乘圓滿次第所說，懾氣入竅，修臍輪火，所生悟境之一，菩提自頂下降為喜，降至喉輪為勝喜，降至心輪為離喜，降至臍輪為俱生喜。

54自動靜世間：自身之中盡一切器世間和有情世間。

55班禪那若：是大班智達那若巴之義。

56動靜遍實喜聚義：此句是說動靜世間，一切實有之法，意樂彙集之女。

57無別意：無分別意。舊密所說五意之一，空性智名為法身無分別意。

58報圓身：受用圓滿身。

59映紅：紅蓮寶石，紅寶石。

60十四本性，密乘金剛上師應當嫻練的十四種本性。

61現見解脫：一經朝拜瞻仰，即能證得解脫。

62生圓：指生起次第和圓滿次第。

修習徹卻、脫噶之體會

根造喇嘛

康藏佛教四派之中，我獨信奉寧瑪派，又獨好光明金剛藏乘（隆欽心髓），此乘在修習徹卻脫噶教授方面又不同於《大圓勝慧》，實為一切密乘中最精要之教授。

康藏在生產方面，無非是農業、畜牧業和手工業，一切都很落後，但在佛法方面，無論顯教、密教都是很先進的。尤其是大圓滿心髓在傳承、教授口訣、經驗等處，均有其獨到之處。徹卻脫噶均系藏語，譯曰「立斷」和「頓超」。我在甲色仁波且處受灌頂，有一節要用三棱鏡教弟子看宇宙空間的光色，後來我在上海傳授弟子心髓法時，也得用此鏡。當時買不到，要去訂做，他們說：「這是科學家用的，你們佛教徒也要用，真是怪事！」足見寧瑪派的隆欽心髓，已有些科學味道了。徹卻之為「立斷」相當於最上定功，脫噶之為「頓超」相當於無上慧功。看脫噶之光，如沒有相當的徹卻定力為基礎，則於修脫噶光時，即使將光度對準，能使脫噶暫時顯現，以無定力故，心與氣不能執持，則其所顯現之脫噶剎那即過，如此則見了等於沒見。又徹卻於藏語，屬於「東巴」（空性）脫嘎於藏語屬於「囊瓦」（明顯）。東巴表月亮，囊瓦表太陽，日月就是陰陽，外器世界離不開陰陽，如天地日月能生萬物，內之有情世間（人的身心）也離不開陰陽，如男女定慧能造人類世界，而徹卻脫噶也自有其陰陽定慧的道理，故修之能起實效。

我在上海時，看過一次科教影片，那是為了教育大家，如何掌握原子彈爆炸的知識而臨事不慌，知所趨避。當時但見其爆炸後的光色，與我所看到的的脫嘎情況非常相同，我愈信脫噶是一種觀察存在而非憑空幻想的東西，科學家只著重向外發展而作出了人類有利（如原子發電）或有害（如原子彈）的東西，忽略了（可能永遠忽略）向內發展為人身心造福的一面。而寧瑪派心髓的修法早為印藏前人所發掘，並能以身證驗，小而健康長壽，大而即身成佛，或者命終身縮尺許或虹化融入法界，而與法身普賢如來合其體性，僅留爪發於人間。或出現虹身，長生不老。總之，皆為了脫生死之成就，而康藏文獻中記載諸成就者，多有於生前顯現其特異功能等斯皆因向內發展而得如是效果，是我們所應注意而加以重視，甚至可以從實踐中體會其精神所在發揚而光

大之。

杭州有一位朋友，問我觀脫噶時，每人所見都一樣，抑或各人所見不同？我說：「若是看到的，每人所見完全一樣，並無差別」。他說：「這便符合科學了」，要求我將此法公開傳授，我說時機未到，以後再說罷。

在修大圓滿心髓過程中，上師有四種抉擇的教授：

（1）法身與阿賴耶識不同；

（2）心與才能知識不同；

（3）勝義諦與世俗諦不同；

（4）智慧與神識不同。

又修心髓的人在於外四大內四大皆起變化。如此則需在物質上顯現真諦：如灌頂時，總不離六根六塵，上師即在此中使弟子得到啟發，然後於修持中能令人轉識成智，我本來不會作詩，更不懂平仄，但我在昂藏寺甲色上師處接受徹卻傳授後，即依口訣而從事練習，有一天於靜坐中，忽然有許多詩句如潮水般湧出，我趕快下座，提起筆來記錄，一下子全遺忘了，只記下了四句：「未到昂藏仍在苦海飄，入了寶庫方知路不遙，策馬加鞭速往家鄉進，得見原始面目歎今朝」。這是作詩的開

始，以後我每於靜坐或修脫噶後，往往有詩句記錄其境界，都是出於自然，不是有心去作，起心要作，詩也寫得不像樣。

有一次，我在靜坐修徹卻完，面前放了一支手錶，只見此表漸漸放大，大至一片白茫茫時，便寂爾入定了，斯時並無人我之分，也無能定所定之感覺，忽然有一個小孩子呼喊我，我便於定中被他驚醒，因而出定了，此時忽然有四句詩吟出來道：「前境悠然無所依，身入太虛何嘗知，可惜童子驚擾我，諦觀自性本不移，」又一次看罷脫噶後忽有詩句記錄：「點點明星觀眼前，橫來豎往不著邊，今已練住明點數，奧明宮殿座有緣」，（奧明乃藏語，譯為：「奧明宮殿，是指色究天的密嚴淨土，為報身佛所居）。

我先看到的明點是寂靜的（文壇城）後來則變為憤怒明點（武壇城）於是又有詩記錄出：「忿怒明點本內慈，如幻如花各一珠，心佛眾生同此物，不識希夷說有殊」。

初看脫嘎時如沙粒一樣，其形甚微刹那而過，不可捉摸，若修徹卻有了功夫，明點一現，即被吸住，如磁吸錢，如此方能有多看的機會，天天多看，明點則能漸漸放大，漸至於顯現佛相，壇城，從微至著，這便是華嚴經所說的：「一毛孔中現寶王刹，坐微塵裡轉大法

輪。於是我又有詩記道：華嚴境界重重開，一顆珠中一如來，三身四智皆足具，出入法界奇矣哉。過去聽老師講華嚴經重重無盡，小大圓融，一多無礙時，最後結論總是說：「這是佛的境界，不是我們凡夫的境界，如今看到脫噶妙境，才知佛所說經本為眾生而說，不為佛說，我們漢族和尚喜歡華嚴壇，用鏡子四方映照，以顯重重無盡的境界。但這是世俗諦，不是勝義諦，脫噶境界才是勝義諦」。

脫噶這種東西，用我們修道的角度去挖掘它，則它為脫噶，並可運用達到即身成佛之目的，用科學的角度去發掘它，則稱它為脫噶，並可運用它達到成佛之目的，用科學的角度去了掘它，則目之為原子、中子、電子、粒子、並可運用它製造武器或種種有利於人類的物質，而脫嘎或原子本身沒有分別，人人可以發現它，收集它，運用它，創造它，若是醫學發現了它，可以運用它治療疾病，所以我於去年閉關中，在第四七看脫噶時有這么一道詩寫道：「四七明點體不同，各有本能現奇功，無念亂求無分別，任君索取終無窮」。以上的道理，係我修徹卻脫噶的體驗，略述一二，說明大圓滿的心髓有理論，有事實，不是空談，為了讓我們祖國寶貴文化不致湮沒，希望我們炎黃子孫能夠重視它，研究它，發揚它，實踐它。